Helmut O. J. Wagner

Die schönsten Krippen

Helmut O. J. Wagner

Die schönsten Krippen

und weihnachtliche Darstellungen
in Altbayern, Schwaben und Salzburg

Ehrenwirth

Die Deutsche Bibliothek – CIP-Einheitsaufnahme

Die schönsten Krippen in Altbayern, Schwaben und Salzburg /
Helmut O. J. Wagner. - München : Ehrenwirth, 2000
ISBN 3-431-03603-1

Titelbild:
Die Krippe in Frauenwörth,
Empfang der Heiligen Drei Könige

Frontispiz:
Die Krippe in Frauenwörth

Impressum:
Sonderauflage für Ehrenwirth-Verlag.

Lektorat: Dr. Lothar Altmann, Germering
Entwurf und Layout: Volker Pfeifle
Gesamtherstellung: I. P. Verlag

Fotonachweis:
Adolf Bründl, Lenzfried: S. 60;
Direzione es Amministrazione Santa Maria Maggiore, Rom: S. 8;
Foto -Studio Aurather, Salzburg: S. 52, 56, 123;
Kloster Frauenwörth, Chiemsee: Titel, Frontispitz und S. 40, 41, 43;
Kloster Reutberg: S. 22–25;
Helmut O. J. Wagner, München: S. 7–16;
S. Katharina Winbeck OP, Wettenhausen: S. 32–35;
alle anderen Aufnahmen: *Hans-Jürgen Stein,* Ketterschwang.

Inhalt

Zur Geschichte der Krippe

Im frühchristlichen Rom wurde das Fest der Geburt des Menschheitserlösers bis zum Jahre 354 am 6. Januar begangen. Es war der Tag, auf den in heidnischer Zeit das Fest des „unbesiegbaren Sonnen-Gottes" gefallen ist. Papst Liberius war es, der im Jahre 354 das Fest von Christi Geburt auf den 25. Dezember verlegte.

Schon um das Jahr 200 berichtet der Kirchenvater Origenes, dass Pilger von weit her kamen, um an der Geburtsstätte Christi in Bethlehem zu beten und davon in ihren Heimatländern zu berichten. Daraus mag auch der Wunsch entstanden sein, das heilige Geschehen bildlich nachzustellen. Findet man anfangs nur die Darstellung von Maria und dem Jesuskind, so gesellen sich während des vierten Jahrhunderts bereits die Heiligen Drei Könige, Hirten und Tiere und auch bald der Heilige Josef dazu. Zeugen aus dieser Zeit sind beispielsweise in den Katakomben Roms, in Steinreliefs und Fresken zu finden. In der Mitte des siebten Jahrhunderts ließ Papst Theodor I. in der heutigen Basilika Sta. Maria Maggiore in Rom die erste Geburtsgrotte in der Weihnachtszeit aufstellen. In

Bethlehemkind, Kloster Reutberg

Maria, Himmelskönigin

der Krypta unter der Kapelle des Allerheiligsten werden bis auf den heutigen Tag Reliquien der Krippe zu Bethlehem in einem kostbaren Kristallbehältnis, auf dem ein kunstvoll gearbeitetes, goldenes Jesuskind liegt, gezeigt.

Reliquien der Krippe zu Bethlehem in Sta. Maria Maggiore, Rom

Die Darstellung des heiligen Geschehens erweiterte sich immer mehr – man sah die Verkündigung durch den Engel Gabriel, den Gang der Gottesmutter zu ihrer Base Elisabeth, die Geburt im Stall von Bethlehem mit Ochs und Esel, Hirten und Engeln. Ebenso wurde die Anbetung der Könige sehr aufwändig dargestellt. Ein Beispiel dafür sind die im Jahr 1268 entstandenen Reliefs nach byzantinischer Art an der Domkanzel zu Siena. Aus dieser Zeit sind bereits Weihnachtsspiele bekannt wie z. B. das sog. Freisinger Spiel mit der Verkündigung an die Hirten, der Anbetung des Kindes, der Befragung der Weisen durch König Herodes, der Flucht nach Ägypten und der Klage der Rahel über den Kindermord in Bethlehem. Ähnlichen Inhalts ist ein aus dem Kloster Benediktbeuern bekanntes Spiel „Ludus szenicus de nativitate Domini" bei dem vor Spielbeginn die Propheten des Alten Bundes ihre Weissagungen vortragen. In dieser Zeit – man schrieb das Jahr 1223 – baute der als Vater der Krippe angesehene Heilige Franziskus von Assisi im Wald von Greccio bei Rieti die erste Weihnachtskrippe auf. In eine Höhle stellte er eine hölzerne Futterkrippe, dazu einen lebendigen Ochsen und einen Esel. „Um den des Lesens nicht Mächtigen die Heilige Schrift und damit die Weihnachtsgeschichte besser verständlich zu machen" argumentierte er in seiner Weihnachtspredigt. Der Heilige Bonaventura – ein Mitbruder des Heiligen Franziskus – berichtete später, dass Franziskus auf einmal

Heiliger Joseph

Besuch Mariens bei Elisabeth

Heiliger Franziskus

das Himmlische Kind leibhaftig in seinen Armen hielt.

Ähnlich wie der Heilige Franziskus empfand die Heilige Brigitta von Schweden. Sie kam im Jahr 1372 an die Heiligen Stätten und hielt sich längere Zeit in der Geburtsgrotte auf. Dort erfuhr sie die Vision von dem Geschehen der Heiligen Nacht. Sie berichtete darüber selbst: „Als ich war bei der Krippe des Herrn zu Bethlehem, hab ich gesehen eine gar schöne schwangere Jungfrau, angelegt mit einem weißen Mantel und subtilen Rock ... und als sie so stund im Gebet, da hab ich gesehen bewegt werden das liegend Kindlein in ihrem Leib und schnell in einem Augenblick hat sie geboren ihren Sohn, von dem ein so groß unaussprechlich Licht und Schein ausging, dass dem die Sonne nit wär zu vergleichen ..."

Bereits im Jahre 1344 schreibt die gottselige Dominikaner-Mystikerin Margarete Ebner aus dem Kloster Maria Medingen: „An Sant Stephanstag gab mir min herre ain minneklich glaube minen begirden, das mir war gesendet von Wiene (Wien) ein minnekliches bilde, daz war ain Jhesus in ainer wiegen, und dem dienten vier gulden engel ..." In ihren Visionen setzte sich das göttliche Kind auf ihren Schoß und hielt Zwiesprache mit ihr. Allmählich ist zu erkennen, dass das Gesamtbild Krippe Gestalt annimmt.

Es folgen im 15. Jahrhundert die gotischen Flügelaltäre mit halbreliefartigen Darstellungen des Heilsgeschehens in den verschiedenen Feldern. Der Jesuitenorden erkannte, dass die figürliche Darstellung des Weihnachtsevangeliums als religiöse Unterweisung dienen könne. So kam es, dass im Jahre 1562 die erste Krippe von den Jesuiten in der St.-Clemens-Kirche in Prag gezeigt wurde. Zuvor sind bereits sog. Hauskrippen bekannt wie die 1491 für Herzog Albrecht IV. und seine Gemahlin gefertigte Krippe in der Münchner Residenz.

Kurfürst Christian I. von Sachsen bekam im Jahre 1588 von seiner Gemahlin Sophia gar eine mechanische Krippe geschenkt, die in Augsburg von dem Mechanikus H. Schlottenheim gefertigt worden war. Diese Art fand große Bewunderung und ist in vielen Kunstkabinetten dokumentiert. Noch heute ist im altbayerischen Wallfahrtsort Altötting die sog. „Mechanische Krippe" ein beliebter Anziehungspunkt für Kinder und Wallfahrer.

Heilige Brigitta

Selige Margarete Ebner

Darbringung im Tempel

Jesus lehrt im Tempel

Der Brauch, Krippen in Kirchen und Bürgerhäusern aufzustellen, wurde immer beliebter – gefördert durch die verschiedenen Ordensgemeinschaften und die Herrscherhäuser. So wurden in Altbayern und dem benachbarten Tirol regelrechte Krippenwerkstätten eingerichtet. Es entstanden bedeutende Krippen wie die im Augsburger Dom (1590), in Altötting (1601), Bad Tölz (1606), Sankt Michael in München 1607, Kloster Frauenwörth 1627, Dachau (1629), die als süddeutsche Beispiele zu nennen sind. In Österreich wären die in Innsbruck (1608), Hall in Tirol (1609) und Laufen an der Salzach (1633), das damals noch zu Salzburg gehörte, zu erwähnen. Es zeigt sich deutlich, dass der Krippenbau bei uns ein rein alpenländischer Kunstzweig geworden ist.
Zwischen Theologie, Kunst und Kunsthandwerk entstand nun ein enger Zusammenschluss. Angeleitet durch theologisch Gelehrte, fertigten die Künstler Figuren in ver-

Heilige Familie im Haus Nazareth

Jesuskind im Kranz der Jahreszeiten

schiedenen Materialien wie Holz, Wachs, Terrakotta und Elfenbein. Kunstvolle, kostbare Bekleidung der Personendarstellungen entstand vorwiegend in Klöstern oder in eigens dafür ausgerichteten manufakturähnlichen Kleinunternehmen. Es war durchaus keine Seltenheit, dass ein Bildhauer die Figuren fertigte und seine Frau die Gewänder dazu.

Man beschränkte sich nun nicht mehr ausschließlich auf die Darstellung der „Gnadenreichen Geburt unseres Herrn und Heylands", sondern versuchte möglichst viele Szenen des Alten und Neuen Testaments nachzustellen. Aus diesem Gedankengut entwickelten sich die Jahreskrippen. Sie zeigen das Leben Jesu, seine Wundertaten, sein Leiden und Sterben, seine Auferstehung und Himmelfahrt, sowie die Sendung des Heiligen Geistes – das Pfingstwunder.

Karl Franz Xaver Lodron, Fürstbischof von Brixen (1791–1828), ließ sich von Alois Augustin Probst, dessen behindertem Bruder Joseph Benedikt Probst und von Franz Xaver Nissel ein kleines, religiöses Welttheater mit über 5000 holzgeschnitzten Figuren anfertigen. Feinstens ausgearbeitet haben sie eine Größe von 6–10 cm und sind mit bunter Leimfarbe gefasst. Wie in dem schon erwähnten Freisinger Spiel sind auch hier die Propheten des Alten Bundes als erste Szene zu sehen. Aufgestellt wurde die Krippe das ganze Jahr über in den fürstbischöflichen Wohnräumen. Heute ist sie als „Lodronsche Krippe" im Diözesanmuseum der Südtiroler Bischofsstadt Brixen zu sehen.

Im 18. Jahrhundert erreichte die Krippenkunst ihren Höhepunkt. Kein Geringerer als der berühmte Rokoko-Bildhauer Franz Ignaz Günther schuf im Jahre 1774 für das Kloster Ettal eine Kirchenkrippe. Franz Xaver Schmädl fertigte zwischen 1740 und 1750 eine Klosterkrippe für das Augustiner-Chor-

Zug der Heiligen Drei Könige

herren-Stift in Dießen am Ammersee. Der hochtalentierte Bildhauer aus Weilheim erhielt den Auftrag dafür von dem kunstsinnigen Rokoko-Prälaten Propst Herculan Karg – dem Erbauer des „Dießener Himmels" – der Klosterkirche Mariae Himmelfahrt. Im Nachbarland Tirol sind faszinierende holzgeschnitzte Figuren mit eingesetzten Glasaugen von Johannes Giener zu finden. Feingliedrig und anmutig sind die Krippen der Familie Schwanthaler aus dem Innviertel. Im fernen Neapel und in Sizilien stellten, neben dem biblischen Geschehen, die Künstler wie Sanmartino, Schettini, Vasallo, Celebrano (als Beispiele) das fröhliche, südländische Leben in bunt bewegten Markt-, Straßen- und Wirtshausszenen dar. Im Passionsspieldorf Oberammergau begann damals die Krippenfertigung, die bis heute den Schwerpunkt der dort überwiegend ausgeführten Holzbildhauerei bildet.

Großen Schaden fügte der allseits beliebten Krippenwelt die Zeit der Aufklärung am Ende des 18. Jahrhunderts und die Säkularisation zu Beginn des 19. Jahrhunderts zu. Von den Aufklärern als „Verdummungsmittel der Christen" bezeichnet, verbot bereits im Jahre 1782 Kaiser Joseph II. von Österreich das Aufstellen von Krippen in den Kirchen. 1789 ordnete das Ordinariat Regensburg an, dass man sich beim Gestalten von Krippen auf „das Wesentliche zu beschränken habe". Graf Montgelas – der Sieger der Aufklärung in Bayern – verlangte diktatorisch, „das Land von öffentlichen, oft ungeschicklichen religiösen Vorstellungen zu befreien". Somit war das Schicksal vieler Kirchenkrippen besiegelt. Wechselvolle Wege taten sich nun auf. Mancher Bestand wurde sofort zerstört, veräußert oder einfach weggetan. Unsachgemäß Verstautes wurde auf Kirchendachböden ein Raub des Ungeziefers und der Mäuse. Für wertlos gehalten, teilte man Zusammengehörendes und zerstreute es in alle Winde. Gottlob gab es aber auch Klügere als die Aufklärer. Ihnen ist zu danken, dass doch noch eine stattliche Anzahl von ganzen Krippenbeständen oder große Teile erhalten geblieben sind.

Unbeeindruckt vom landesherrlichen Gebot gab sich die Bevölkerung in Bayern. Man ließ sich die Freude nicht nehmen und bestellte

bei den Schnitzern und Wachsziehern Hauskrippen aller Art. So kam es, dass in Bürger- und Privathäusern im 19. Jahrhundert große, kunstvolle Krippenbauten zu sehen waren. Teilweise wurden sie auch der Öffentlichkeit zugänglich gemacht. Es hat sich gezeigt, dass die Aufklärung nicht das von ihr und ihren Befürwortern Erwartete gebracht hat, und so erlaubte König Ludwig I. bereits 1825 das erneute Aufstellen von Kirchenkrippen. Bis zum Ende des 19. Jahrhunderts blühten die Krippenpflege und Krippenkunst im alpenländischen Raum. Mit viel Phantasie entstanden neben den heimatlichen Landschaften jene mit orientalischem Charakter. Morgenländische Architekturen und Bekleidungen versuchte man zu kopieren, und exotische Tiere wurden je nach Vorstellung oder Vorlage dazu gefertigt.
In Tirol wurden neben kunstvoll geschnitzten Holzfiguren die sog. „Nassereither Loammandl" hergestellt. Man fertigte Negativformen aus Holz, in die man eine brennfähige Tonmasse hineindrückte. Nach dem Brand wurden die relativ klein ausgeführten Halbreliefs mit Ölfarben bemalt. Im Alten Schloss zu Oberschleißheim bei München ist in der dort gezeigten Sammlung von Gertrud Weinhold eine vielfigurige Kastenkrippe zu sehen, die im Auftrag der Kaiserin Elisabeth von Österreich für die Kaiservilla in Bad Ischl in Nassereith angefertigt wurde. Zum Ende des 19. Jahrhunderts war ein spürbarer Rückgang der Pflege der Krippentradition erkennbar. Ob es der aus Straßburg gekommene Christbaum war, der in den Weihnachtsstuben immer mehr Raum einnahm, lässt sich nicht genau ergründen. Tatsache jedoch war, dass man immer weniger Krippen aufstellte, jedoch auf einen üppig aufgeputzten Christbaum nicht verzichten mochte. Wieder verschwanden die Krippen auf den Dachböden oder wurden veräußert und verschenkt. Diesen Zeitpunkt nützten Liebhaber und Sammler und erhielten somit kostbares Kulturgut der Nachwelt.
Was wäre ein Krippenbuch, wenn in diesem Zusammenhang nicht dankbar des Münchner Bankiers und Kommerzienrats Max Schmederer gedacht würde, der unermüdlich in Bayern, Tirol und Italien herumreiste und durch den Erwerb viele großartige und namhafte Krippenkunstwerke vor dem Untergang bewahrte. Durch intensive Studien und mit sehr viel Feingefühl verstand er es, längst verschollenes Wissen über Aufbau, Gestaltung und Komposition neu zu beleben. Als er seine Sammlung vor dem Ersten Weltkrieg dem relativ jungen Bayerischen Nationalmuseum übergab, stand man dort dem Vermächtnis etwas hilflos gegenüber. Max Schmederer aber überzeugte die Ahnungslosen, dass die Krippenkunst nicht nur volkskundliche, sondern genauso wissenschaftliche Werte verkörpere. Was wäre München ohne seine großartige Sammlung? Die Museen in den anderen Krippenregionen folgten seinem Beispiel, Krippenvereine wurden ins Leben gerufen, und bereits im Jahre 1927 gab es in München wieder eine Krippenausstellung. In dieser schweren Zeit der Nachinflation oder vielleicht gerade deswegen sollen innerhalb von zwei Monaten bis zu 40.000 Besucher die gezeigten Krippen gesehen haben.
Das Interesse an der Krippe ist somit wieder aufgeblüht. Geht man in München, Nürnberg oder Salzburg über den Christkindlmarkt, so ist es ein Vergnügen, die Angebote an Figuren, Ställen und Häusern, an Engeln und Kometen und das Kleingerät aller Art zu sehen. Wer kann sich diesem Zauber entziehen?

Die Krippe der Stadtpfarrkirche in Weilheim

Nahe dem Ammersee und dem Hohenpeißenberg liegt die oberbayerische Stadt Weilheim. Große Berühmtheit erlangte sie durch die vielen Künstler, die sie hervorgebracht hat. Goldschmiede, Bildhauer, Kunstmaler und Stuckateure prägten die Epochen der Renaissance, des Barock und des Rokoko. Nicht nur in Bayern, sondern weit über seine Grenzen hinaus dokumentieren ihre meisterhaften Schöpfungen diese großen Kunstrichtungen. Nahe liegend ist deswegen, dass die Stadtpfarrkirche Mariae Himmelfahrt von den großen Söhnen der Stadt ausgestattet wurde.

In einer Seitenkapelle, vor dem Altar der Heiligen Margarethe, wird alljährlich die Krippe aufgebaut. Begonnen wird im Advent mit der Darstellung der Herbergssuche. Es folgt die Geburt Christi mit der Verkündigung des Engels auf dem Hirtenfeld. Danach ist die Anbetung der Hirten vor dem göttlichen Kind zu sehen und endlich sind die

Küche bei der Hochzeit zu Kana

Elefant aus dem Dreikönigszug

Ankunft der Heiligen Drei Könige ►

Heiligen Drei Könige an der Krippe. Ihr prachtvoller Tross nimmt einen Großteil der Ausstellungsfläche ein. Mit heimischen Naturmaterialien aufgebaut ist der Weg übers Gebirge bei der Flucht nach Ägypten. Während die Heilige Familie, von Engeln geleitet, ihren Weg über eine Brücke nimmt, ist unten im Tal ein Räuberlager und eine Gruppe von Löwen zu sehen. Die letzte Szene zeigt die Hochzeit von Kana, die vor einer bewegten Säulenarchitektur stattfindet. Mit der Fußwaschung und dem Kreuzweg endet der Zyklus der Krippe.

Wie so oft ist auch bei der Weilheimer Krippe zu erkennen, dass sie in verschiedenen Zeiten entstanden ist. Teile der Figuren und der Kulissen sind dem 18. Jahrhundert zuzuordnen. Sog. Münchner Engel – ein Typ, wie er um 1800 in der Münchner Vorstadt Au für Hauskrippen gefertigt wurde – sind erkennbar. Aus dem Umfeld des Johann Baptist Straub stammt vermutlich der rokokohafte Verkündigungsengel. Die Figuren sind entweder gänzlich vollplastisch in Holz geschnitzt, oder nur die Köpfe und Gliedmaßen bestehen aus Holz und sind an Drahtgestellen befestigt. Die Wachsfiguren – die Apostel darstellend – sollen aus dem Kloster Bernried am Starnberger See nach Weilheim gekommen sein. Neuere Forschungen verweisen auf den Münchner Wachszieher Gautsch um 1900 als Urheber.

Die mit großer Liebe zum Detail und viel Kunstverstand aufgebaute Krippe im oberbayerischen Pfaffenwinkel erfreut alljährlich eine große Anzahl von Besuchern, Betern und Krippenfreunden.

Hochzeit zu Kana

Die Reutberger Klosterkrippe

Kloster Reuberg liegt zwischen Bad Tölz und Holzkirchen in Oberbayern. Gegründet wurde es 1618 von Gräfin Papafaba von Reichertsbeuern. Sie und ihr Gatte hatten 1606 das Gnadenbild aus Loreto in Italien mitgebracht. Die jetzige Klosterkirche und die Klostergebäude sind 1729–1735 entstanden. Im altbayerischen Raum ist Reutberg das älteste Loretoheiligtum. Verschont von der Säkularisation, singen die Franziskanerinnen täglich das Lob der Gottesmutter seit mehr als 350 Jahren: „Auf dem Reutberg grüßen wir / dich Maria schönste Zier / Mutter send vom Reutberg aus / Segen weit ins Land hinaus".

In der zweiten Hälfte des 17. Jahrhunderts wurde in der Klosterkirche bereits eine Krippe aufgestellt. Das beweist eine Notiz im „Handbüchel des P. Bonifatius Sutor Decembris 1672", das im Klosterarchiv verwahrt wird: „Soland das Khrippl in der Khirchn stehet (welches ordinarie nach dem Fest s. Nomine Jesu 13. Jän. abgebrochen wird), Pflegen die Schwestern nach der Vesper einen Weihnachtsgesang zu süngen."
Die besagte Krippe ist heute noch großteils vorhanden. Da die Schwestern sich mit der Stickerei von Paramenten beschäftigten und wahre Kunstwerke in der Reliquienfassung herstellten – die sog. Schönen Arbeiten – ist

Drei Weisungs-Engel

Die Mohrenkönigin

es nahe liegend, dass die prächtigen Figuren der Krippe im Kloster bekleidet, bestickt und verziert wurden. Die zwischen 30 und 60 cm großen, hölzernen Gliederpuppen sind von hoher Qualität. Sie sind minutiös gefasst, haben teileingesetzte Glasaugen und tragen fein geformte Haarperücken.
Auffallend groß ist das neu geborene Jesuskind. Bei der Anbetung der alpenländisch gewandeten Hirten liegt es in der Krippe. Beim Besuch der prunkvoll gekleideten Heiligen Drei Könige sitzt es auf dem Schoß der Gottesmutter. „Jubeld bringt sie ein Kind zur Welt, das älter ist als die ganze Schöpfung", so schreibt Zeno von Verona.
Außergewöhnlich ist auch, dass eine reich gekleidete Mohrenkönigin mit einem gewickelten Kind auf den Armen und einem Pagen, der ihren Schleier trägt, zur Krippe kommt. Hier kann es sich um die Königin von Saba oder die apokryphe Fürstin Abgar handeln. Besonders feingliedrig zeigen sich die drei Weisengel vor dem roten Himmelszelt, und anmutig ist die Verkündigungs-Szene des Engelherolds mit seinem Gefolge auf dem Hirtenfeld.
Eine weitere Besonderheit findet sich in der Figur der Heiligen Notburga in Tiroler Tracht. Eine Postulantin aus Eben in Tirol brachte sie 1781 bei ihrem Eintritt ins Kloster mit. Notburga geht, begleitet von einem Kavalier im Jagdgewand des Rokoko, zur Hochzeit nach Kana.
Von den mehr als 80 vorhandenen Figuren ist ein erheblicher Teil mit P. M. signiert. Das deutet auf den Tölzer Bürger und Holzschnitzer Peter Manhart hin. In vier Bildern erfolgt die alljährliche Aufstellung des „Heiligen Comödie Spiels" auf dem linken Seitenaltar der Klosterkirche.

Die Heilige Notburga bei der Hochzeit zu Kana

*Folgende Doppelseite:
Die Anbetung der
Heiligen Drei Könige*

Die Schmädl-Krippe in der Klosterkirche in Dießen

Auf der Höhe des Ammerseewestufers erhebt sich das ehemalige Augustiner-Chorherren-Stift Dießen mit seiner außergewöhnlichen Klosterkirche. Ihr Bau wurde anlässlich der 600-jährigen Wiederkehr der Klostergründung durch Graf Berthold I. von Dießen begonnen. Bauherr war der kultivierte und von echter Religiosität erfüllte Propst Herculan Karg.

Nach der Einweihung im Jahre 1739 erteilte der Propst an Franz Xaver Schmädl den Auftrag, eine Krippe zu fertigen. Schmädl war Schüler des Münchner Bildhauers Johann Baptist Straub und galt als hervorragender Altarbauer und Holzplastiker. Für die Dießner Klosterkirche schuf er den Altar des Heiligen Nepomuk, den Armenseelenaltar und die sehr qualitätvolle Figur des Christus an der Geißelsäule. In Handspannengröße – einem damals üblichen Maß für die Kleinplastik – entstanden vollplastisch in Holz geschnitzt die Figuren zur Krippe. Nach vorhandenen Archivalien erhielt Schmädl 210 Gulden fürs „Krippel", während er für den ganzen Altar des Heiligen Johann Nepomuk nur 188 Gulden bekam. Es muss also eine stattliche Anzahl von Figuren gewesen sein, die zur Ausführung kamen. Ein Dießner Chronist schreibt nach der Säkularisation des Klosters um die Mitte des 19. Jahrhunderts: „Das Kripplein ist fast ganz zergangen." Wer nun die heute von den ursprüng-

Anbetung der Heiligen Drei Könige

Der zwölfjährige Jeus lehrt im Tempel

lich von Schmädl geschnitzten Teile und Gruppen gut zu unterscheidenden Ergänzungen vornahm, ist nicht festzustellen. Vage Vermutungen schreiben einige Stücke dem o.g. Lehrmeister Schmädls, Johann Baptist Straub, zu. Im Ganzen gesehen haben alle der noch 30 vorhandenen Exemplare die elegante Bewegung des Rokoko, fein detailliert ausgearbeitete Gesichtszüge, ausdrucksstarke Gestik und eine gute Fassung. Teilweise wurde dazu die in der Zeit sehr beliebte Lüstertechnik verwendet, um den Oberflächen porzellanähnlichen Glanz zu verleihen.

Mit dem derzeitigen Figurenbestand ist der Aufbau von vier Bildern möglich: Verkündigung an die Hirten, Geburt im Stall, Anbetung der Könige, Jesu Lehre im Tempel. Dieser erfolgt auf einem der wenigen in Altbayern erhaltenen Krippenberge. Bekrönt wird er durch eine gut ausgeführte Stadtlandschaft. In den Berg eingelassen sind Höhlen und Grotten, aufgesetzt sind Ruinen und antike Säulenreste. Durch gekonnte Platzierung von Spiegeln erreichen gemalte Landschaften und Wasserläufe eine perspektivische Wirkung. Die Gesamtkomposition ist ein hinreißendes Beispiel für Schäfer- und Hirtenromantik des frühen Rokoko.

Der Krippenberg ▶

Das Augustinerkindl in München

In der Bürgersaalkirche unweit des Karlstores wird zwischen Weihnachten und dem Fest Mariae Lichtmess (2. Februar) alljährlich das Augustinerkindl zur Verehrung ausgestellt. Es handelt sich dabei um eines der wundertätigen Gnadenbilder aus der – nur wenige Schritte entfernten, 1802 säkularisierten – Augustinerkirche (heute Deutsches Jagd- und Fischereimuseum). Die Augustiner-Patres förderten mit großem Einsatz und Hingabe die Volksfrömmigkeit und waren somit bei den Gläubigen sehr beliebt. Daraus lässt sich erklären, dass die Bürger der Stadt den Patres im Jahr 1600 dieses Jesuskind zum Geschenk machten. Über den Wachskünstler schweigen die Archivalien. Es wäre jedoch denkbar, dass es eine Schöpfung des Münchner Hofmedailleurs Alessandro Abbondio ist.

Warum das Jesuskind zum Gnadenbild wurde, erzählt eine relativ spät schriftlich fixierte Legende, die da sagt: Am Lichtmeßtag des Jahres 1624 fiel die Figur beim Wegräumen dem damit beauftragten Pater aus der Hand auf den Steinboden der Kirche. Der Wachskopf zersprang in mehrere Teile und der erschrockene Pater verbarg das zerbrochene Jesulein heimlich. Aus Angst getraute er sich nicht, seinem Oberen von dem Missgeschick zu berichten – desto inniger aber schüttelte er sein Herz vor Gott aus und flehte ihn, den Allmächtigen, in seiner Not um Hilfe an. Vor dem Weihnachtsfest hatte er den Mut, sich dem Prior zu offenbaren. Dieser verlangte das zerbrochene Jesuskind zu sehen, und der Unglückliche brachte das Behältnis, in dem er es verwahrt hatte. Als der Schrein geöffnet wurde, lag das Kind in seiner vollen Lieblichkeit darinnen und blickte gar mild auf Prior und Pater. Die Spuren des Falls sind in feinen Sprüngen sichtbar geblieben bis zum heutigen Tag.

Schnell verbreitete sich die Kunde vom Wunder bei den Augustinern. Pilger kamen aus der ganzen Stadt und aus allen Teilen des Landes zum „gnadenreichen und wundertätigen Augustinerkindl". Zur Erhaltung des „edlen Stammhauses Wittelsbach in Bayern" wurde vor dem Gnadenbild ein vierzigstündiges Gebet abgehalten, und in der Weihnachtszeit – so sagt die Überlieferung – lag das Kind feinsäuberlich in Windeln eingeschnürt und dicht mit mancherlei Schmuck behangen in einer Wiege und wurde mit größter Ernsthaftigkeit darin geschaukelt, während die Gläubigen ein geistliches Wiegenlied sangen.

Nach der Säkularisation wurde es still um das so beliebte Augustinerkindl. Auf Fürsprache des Stiftskanonikers und Geistl. Rates von Degen kam es in die Spitalkirche der Elisabethinerinnen an der heutigen Mathildenstraße. Im Jahre 1809 wurde auch dieses Kloster aufgehoben. Die Kongregation der „Herren und Bürger Münchens am Bürgersaal" bat Kronprinz Ludwig, den nachmaligen König Ludwig I., gegen die Zahlung von 1000 Gulden an die Armenkasse und die Wiedereinführung des vierzigstündigen Gebetes zur Erhaltung seines Hauses und seiner Familie um das Gnadenbild. Auf königlichen Befehl wurde das Augustinerkindl am 18. April 1817 in die Bürgersaalkirche überführt.

Nicht vergessen hat der Volksmund, dass man einer jungen Mutter beim Anblick ihres Neugeborenen zu sagen pflegte, „dass es so schön sei wie das Christkindl bei den Augustiner-Patres auf der Neuhauser Gasse".

Das Augustiner-kindl in der Bürgersaalkirche

Die Wettenhauser Klosterkrippe

Das ehemals freie Reichsstift Wettenhausen liegt in Bayerisch-Schwaben, zwischen Günzburg und Ichenhausen. Seit seiner Gründung im Jahre 1130 durch die Ritter von Roggenstein bemühten sich Augustiner Chorherren um die Seelsorge in ihrem Territorium und pflegten Wissenschaft und Kunst. Dies geht aus Berichten von zufriedenen Klosteruntertanen hervor, zeigt sich in den prächtigen Filialkirchen des Klostergebietes und in dem prunkvollen Münster mit seinen nicht weniger kostbar ausgestatteten Klosteranbauten. Nahe liegend ist, dass zur barocken Ausstattung der Kirche und zur Pflege des weihnachtlichen Brauchtums eine entsprechende Krippe vorhanden war. 1802 wurde das Kloster säkularisiert. Was in Wettenhausen an Kulturgut verschleudert und zerstört wurde, ist kaum zu beschreiben. Da auf Befehl des Bayerischen Kurfürsten auch noch das Aufstellen von Kirchenkrippen untersagt war, ist das Schicksal der Krippe klar.
Als 1865 Dominikanerinnen aus St. Ursula in Augsburg die Klostergebäude erwarben, waren sie heruntergekommen und leer gefegt. Die hochgebildeten Schwestern knüpften rasch an die Kulturtradition der Augustiner an und gründeten Bildungsanstalten verschiedener Art. So kam es, dass eine Handarbeitslehrerin – Schwester Imelda Krautheim – 1890 mit dem Aufbau einer Krippe im Konvent begann. Ihr Vater – Johann Nepomuk Krautheim aus Neuburg – fertigte ihr

Das Haus Nazareth

Jesus lehrt im Tempel

dazu einen Krippenberg. Da inzwischen auch eine Paramentenwerkstatt im Kloster betrieben wurde, bot sich für Schwester Imelda die Möglichkeit, die immer wieder neu erworbenen Figuren mit kostbaren Stoffen liebevoll mit geschickten Händen zu bekleiden.
Es gab unterschiedliche Materialien – teilweise waren Köpfe und Hände aus Wachs oder aus Holz auf beweglichen Drahtgestellen. Hergestellt waren sie in Oberammergauer Werkstätten, vom Bildhauer Brenner in Günzburg, von der Münchner Kunstgewerbeschule und von Ludwig Vogele aus Ichenhausen. Die Wachsfiguren entstanden im Kloster unter der Wachskünstlerin Schwester Bartholomäa Klughammer und ihrer Mitarbeiterin, Schwester Berchmana Krabler. Auch einige in der Region bekannte Laienschnitzer, wie Mathias Wiedemann aus Wattenweiler, Albert Rudolf aus Behlingen und Josef Ketterle aus Ettenbeuren, wurden mit Aufträgen für die Krippe bedacht.
Von 1915 bis 1982 betreute Schwester Assumpta Meixner das inzwischen erheblich gewachsene „Krippenwerk". Ihr war es ein ernstes Anliegen, vielen Besuchern eine Freude zu machen, und sie verfolgte mit Leidenschaft den weiteren Ausbau. Somit ist es ihr gelungen, eine der schönsten Simultan-Krippen Bayerns zu schaffen.
Im Jahr 1996 erfolgte eine Neuaufstellung in einem eigens dafür renovierten Raum, nachdem der alte Aufstellungsort anderweitig benötigt wurde und Schwester Reginalda Epple bereits 1990 nach achtjähriger „Krippenpflege" gestorben war. Heute widmet sich Schwester Agnes Gah mit viel Geschick und Fachwissen dem Aufbau und der Betreuung des Generationenwerkes der Dominikanerinnen von Wettenhausen.

Ankunft der Heiligen Drei Könige

Das Reutberger „Bethlehemkind“

Im Jahre 1743 erhielt der Konvent der Franziskanerinnen ein allerliebstes Jesuskind aus dem Heiligen Lande zum Geschenk. Der Franziskaner-Pater Nicephorus Fischer hatte es aus dem Kloster an der Geburtsgrotte in Bethlehem in seine bayerische Heimat gesandt. Nicephorus Fischer war in dieser Zeit (1739–1745) Guardian dieses Klosters. Das Jesuskind war über hundert Jahre an Weihnachten in die Geburtsgrotte gelegt worden. Da neue Figuren gestiftet wurden, um diesen Zweck zu erfüllen, wurde es nicht mehr gebraucht und konnte so seine Reise über Venedig und Wien nach Bayern antreten.
Liebevoll wandten sich die Schwestern der Pflege des Kindes zu. Sie fertigten ihm kostbar bestickte Kleider in den liturgischen Farben und ließen ihm Attribute wie Krone, Reichsapfel und Kreuz anfertigen. Aus dem Oberland kamen die Landleute, um das Kind aus dem Heiligen Land zu sehen und es zu verehren. Mütter baten es um Kindersegen oder um die Genesung ihrer kranken Kinder. Pater Nicephorus Fischer kehrte 1745 aus Bethlehem zurück und wurde Spiritual auf dem Reutberg. Er förderte die Andacht zum Göttlichen Kind, so dass alsbald eine bescheidene wallfahrtsmäßige Verehrung einsetzte. Er führte die Feier der Heiligen Nacht – wie sie in der Geburtsgrotte in Bethlehem abgehalten wurde – in Reutberg ein. Andachtsbildchen aus der Zeit zeigen das göttliche Kind, nur mit einer Windel bekleidet, in einer mit Stroh ausgestreuten Krippe liegend. Darunter ist in einer Kartusche geschrieben: „Wahre Abbildung des gnadenreichen Jesus-Kindlein, welches bey 100 Jahr am Fest der Geburt Christi zu Bethlehem in das Kripplein gelegt und aus sonderbahrer Schickung Gottes Ao.1743 den Ehrwürdigen Closter-Frauen Maria Loretho auf dem Reittberg Ord. S. Francisci in Ober-Bayrn als ein großer Schatz übergeben word.“
Heute noch steht das Bethlehemkind das Jahr über auf dem Schwesternchor in der Klosterkirche. Mit seinen kostbaren Gewändern bekleidet, an einen Strahlenkranz gelehnt, trägt es würdevoll Krone, Kreuz und Reichsapfel. Von Weihnachten bis zum Lichtmeßtag liegt es in einer Krippe vor dem rechten Seitenaltar. Es breitet seine Arme aus und blickt die vielen Besucher freundlich an – so wie es der Engel den Hirten verkündet hat: „... ihr werdet ein Kindlein finden, das, in Windeln gewickelt, in einer Krippe liegt ...“ Ein natürlicher Granatapfel als Symbol in seiner linken Hand weist auf die königliche Herkunft.
Die Pflege und Bekleidung des Reutberger Jesuleins ist allein der Ehrwürdigen Frau Mutter Oberin vorbehalten. Dies geht aus einer Notiz aus dem Jahre 1776 hervor, in der unter anderm zu lesen ist, dass das Christkindl „... Versorgung von der Wohlehrwürdigen Frau Mutter bekommet, da eine wahre zu solchen Traget/ dann einige aus ihnen wissen dieses Kleinod nicht zu schätzen und achten es wie ein anderes Christlein/ und schicklich mit umgehet, und kein Rusch (Hektikerin) ist, wie eine war, weil gehörlos, ihm Finger und Zeher abgebrochen ...“

Die Verkündigungsgruppe Ignaz Günthers in Weyarn

Zwischen München und Rosenheim – mitten im Alpenvorland – liegt das ehemalige Augustiner-Chorherren-Stift Weyarn mit seiner berühmten Klosterkirche. Berühmt ist sie deshalb, weil sie keinem Geringeren als dem Münchner Rokokobildhauer Franz Ignaz Günther (1725–1775) einen Teil ihrer Ausstattung verdankt. Der schöngeistige Propst Augustin Hamel holte den Künstler 1760 nach Weyarn und beauftragte ihn mit Neuschöpfungen, Ergänzungen und Umgestaltungen von Schnitzwerken für die Klosterkirche.

Dabei ließ die Weyarner Rosenkranzbruderschaft unter anderem eine Tragegruppe für Prozessionen fertigen – die Verkündigung an Maria durch Gabriel. Ausgeführt hat sie Ignaz Günther 1764 ganz im Stil des höfischen Rokoko. Elegant bewegt tritt der Engel zu Maria und entbietet ihr seinen Gruß: „Gegrüßet seist Du, Gebenedeite unter den Frauen." In vornehm-demütiger Geste neigt sich Maria vor ihm: „Siehe ich bin die Magd des Herrn." Darüber sendet der Heilige Geist den Gnadenstrahl auf die Jungfrau Maria herab.

Die Verkündigungsgruppe von Ignaz Günther 1764

Die Krippe von Frauenwörth

Seit knapp zehn Jahren wird im Münster des Klosters Frauenwörth auf der gleichnamigen Insel im Chiemsee wieder eine sehr kostbare Krippe aufgestellt. Hierbei handelt es sich um die alte, restaurierte Klosterkrippe, deren Anfänge in das Jahr 1627 zurückgehen.

Zum Weihnachtsfest jenes Jahres ließ die damalige Äbtissin Magdalena Haidenbucher in der Apostelkapelle der Klosterkirche erstmals das weihnachtliche Geschehen nachstellen. Im Tagebuch der Äbtissin ist die Rede von einer „Weihnacht-Hitten und ein

Die messianischen Propheten

König Salomo und die Königin von Saba ▶

Berg", ebenso davon, dass sich das „gemain Volk" zu andächtigem Gebet eingefunden habe und nach „Vermögen gespendt hat". Diese Andacht und Spendenbereitschaft resultieren aus der Freude der Inselbewohner in dieser schweren Zeit, denn der durch das Land tobende Dreißigjährige Krieg mit Hungersnot und Pest war auch hier zu spüren. Viele der Bewohner des Chiemseeufers waren vor den herumziehenden Rotten auf die Insel geflohen. Für sie war es besonders tröstlich an der Krippe zu stehen und ihre Sorgen und Nöte vor das göttliche Kind zu bringen.
Gut ein Dutzend Figuren sind noch aus dieser Zeit erhalten: die Heilige Familie, Engel und Hirten sowie die Propheten. Die folgenden 170 Jahre bis zur Säkularisation 1803 ließen den Bestand erheblich anwachsen. Trotz einiger Einbußen im 19. Jahrhundert ist es heute wieder möglich, drei Aufstellungen zu machen: die Geburt Jesu in der Heiligen Nacht mit den himmlischen Heerscharen und den Hirten auf dem Felde, die Anbetung des Kindes durch die Heiligen Drei Könige und die vielfigurige, bewegte Darstellung der Hochzeit zu Kana. Begleitend treten in würdevoller Haltung die vier messianischen Propheten des Alten Bundes auf. In höfischer Pose begegnen sich in kostbarer Gewandung König Salomon und die Königin von Saba mit Gefolge. An exponierter Stelle ist Johannes der Täufer zu erkennen, der mit seiner rechten Hand auf das Geschehen weist und in der Linken das Kreuz mit dem Agnus Dei hält.
Die Frauenwörther Krippe ist außergewöhnlich, da die Bekleidung aller Figuren aus sehr kostbaren – vorwiegend alten – Materialien gefertigt ist. Manche Gewebe – wie der sog. Regensburger Brokat – gehen noch auf das erste Jahr der Aufstellung 1627 zurück. Bedingt durch die im Kloster betriebene Paramentenstickerei konnten die Figuren der Krippe entsprechend angezogen werden. So ist Maria als Himmelsfürstin in höfischer Kleidung zu bewundern und Josef aus dem königlichen Stamme Davids im fein gewebten Kaftan vornehmer Orientalen. Hirten und Spielleute tragen das ländliche Festtagsgewand, und das Brautpaar mit Zofe und Diener erscheint fein und wohlhabend. Die Heiligen Drei Könige zeigen sich in der ganzen Pracht des Orients und die römischen Gewänder der Erzengel und der himmlischen Herolde strahlen in Samt, Goldbrokat, Moiré und Seide.
Eine weitere Besonderheit der Krippe sei noch hervorgehoben: Sitzt das Jesuskind in der Heiligen Nacht auf dem Schoß Marias oder liegt in der Krippe so empfängt es stehend – auf einer Chiemseewelle tänzelnd – die Heiligen Drei Könige. Bei dem vor ihm knienden alten König im Purpurgewand glaubt man die Züge Herzog Tassilos III. von Bayern, des Gründers von Frauenwörth, zu erkennen. Vorhandene Gemälde im Besitz des Klosters belegen diesen Vergleich.

Die Heilige Familie

Das Münchner Seminarkindl

In der Jakobuskapelle Weyarn

In der Hofmarkskapelle Bernried

Im Münchner Gregorius-Seminar an der Herzogspitalstraße wurde im frühen 18. Jahrhundert ein berühmtes Gnadenbild verehrt – das sog. „Seminarkindl". Es dürfte sich aller Wahrscheinlichkeit nach um ein Herz-Jesu-Bild des Münchner Hofmalers Jacopo Amigoni gehandelt haben, das im reich geschnitzten Rokokorahmen in der Seminarkirche zur Verehrung aufgestellt wurde. Zeitweise wurde die Kirche deshalb auch Herz-Jesu-Kirche genannt. Das Wallfahrtsbild ist in der Säkularisation untergegangen. Kupferstiche in Form von Andachtsbildchen haben sich jedoch erhalten.

Die Verehrung gerade dieser Darstellung des göttlichen Kindes ist weit über die Grenzen der Churfürstlichen Haupt- und Residenzstadt hinausgegangen. In vielen Kirchen des bayerischen Oberlandes findet man identische Wiedergaben, beispielsweise in der Hofmarkskapelle in Bernried am Starnberger See oder in der Pfarrkirche von Lenggries im Isarwinkel. Die im Jahre 1795 gegründete Bruderschaft zum Herz-Jesu-Kind ließ auf dem Altar der Jakobuskapelle im Kloster Weyarn eine Kopie des Seminarkindls mit einem prächtigen Rahmen in einem Strahlenkranz aufstellen. Das Kind sitzt in einem blühenden Garten und zeigt mit seiner rechten Hand auf das offene Herz in seiner Brust. Auf einem themengleichen Kupferstich von Söckler, München, aus dem 18. Jahrhundert sind die Worte aus dem Lukas-Evangelium 12.49 zu lesen: „Ich bin gekommen, ein Feuer auf die Welt zu senden." Die volkstümliche Beliebtheit des Münchner Gnadenbildes ging so weit, dass es sogar bei der Miesbacher Möbelmalerei bis weit ins 19. Jahrhundert Verwendung fand.

Das Jesuskind in der Münchner Herzogspitalkirche

Die bayerische Kurfürstin Therese Kunigunde lernte während ihres Exils in Venedig die Servitinnen kennen und berief sie 1715 nach München. 1721 – am Fest der Heiligen Magdalena – begannen die Schwestern mit der „Ewigen Anbetung" des Allerheiligsten in der Herzogspitalkirche, bei der ihnen ein Kloster errichtet worden war. Dazu betreuten sie die Wallfahrt zur „Schmerzhaften Muttergottes" in derselben Kirche. Anbetung und Wallfahrt haben sich, trotz der völligen Zerstörung des Gotteshauses im Zweiten Weltkrieg, bis in unsere Tage erhalten.
In der Weihnachtszeit stellen die Schwestern einen eigenen Christkind-Altar in ihrer Kirche auf und schmücken ihn liebevoll. Das Jesuskind aus dem 18. Jahrhundert ist als Weltenherrscher dargestellt. Es steht auf der Weltkugel und trägt den purpurnen Königsmantel über einem kostbaren Brokatkleid. Den Reichsapfel, als Zeichen königlicher Würde, hält es in der linken Hand, während es die Rechte zum Segen erhebt. Seine liebliche Erscheinung vermittelt dem Besucher ein Stück Altmünchner Weihnacht.

Jesuskind der Herzogspitalkirche

Das Christkind Hans Deglers in Weilheim

Im Weilheimer Stadtmuseum befindet sich ein sitzendes Jesuskind aus dem Jahr 1620. Sein Schöpfer ist der Weilheimer Bildhauer und Ratsherr Hans Degler. Weit über die Grenzen seiner Vaterstadt hinaus sind seine großartigen Bildwerke bekannt. Als Beispiel sei die Altartrias in Sankt Ulrich und Afra in Augsburg genannt – der Hochaltar und die beiden Seitenaltäre von 1627, mit reichem Figurenschmuck die Hauptfeste des Kirchenjahres: Weihnachten, Ostern und Pfingsten, darstellend. Wie die Augsburger Figuren dürfte auch das sitzende Christkind von dem Weilheimer Maler Elias Greither farbig gefasst worden sein. Wofür Hans Degler es gefertigt hat, ist heute nicht mehr bekannt. Anzunehmen ist, dass es sich in jedem Fall um eine Einzelfigur handelt, die im weihnachtlichen Festkreis Verwendung fand. Mit ausgebreiteten Armen und einem freundlich verhaltenen Gesichtsausdruck heißt dieses erstklassige Beispiel der Weilheimer Bildhauerkunst die Betrachter im Pfaffenwinkelmuseum willkommen.

Christuskind von Hans Degler, Weilheim 1620

Die Krippe in Gaißach

Hinter Bad Tölz, an der Straße nach Lenggries, liegt auf einer Anhöhe das Dorf Gaißach. In dem dortigen Pfarrhof aus dem 18. Jahrhundert wird seit dem Jahr 1983 wieder eine Krippe, die zu den schönsten des bayerischen Oberlandes gezählt werden darf, aufgestellt. Der Schöpfer der holzgeschnitzten und bekleideten Figuren ist der Oberammergauer Bildhauer Georg Reiner. Er entstammte einer alten Holzschnitzerfamilie und war selbst außer Holzbildhauer auch Steinmetz und Kunstschreiner. Gelebt hat er von 1883 bis 1962 in Garmisch-Partenkirchen. Reiner fertigte eine große Anzahl von umfangreichen Krippen mit Figuren, Bauten und Landschaften.

Die Gaißacher Krippe war ein Geschenk des dortigen Pfarrers Martin Fischer an seine Gemeinde im Jahre 1971. Entstanden jedoch ist die ganze Anlage bereits 1925 und gehörte bis 1951 dem Bruder von Pfarrer Fischer. Auf einer Fläche von 4 x 6 m ist die Landschaft von Bethlehem zu sehen. Im Vordergrund sieht man die Hirten auf den Weiden beim Hüten der Schafe. Den Hintergrund bildet ein orientalisch anmutender Palast mit Türmen, Söllern und Toren, die den Einblick in die Stadt gewähren. In einer natürlichen Höhle, die aus einem Wurzelstock herausgeschnitzt ist, findet man Maria und Josef mit dem göttlichen Kind. Die himmlischen Heerscharen beleben die in zartem Licht gehaltene Szene. Mit den 140 Figuren sind vier Bilder zu stellen: „Die Heilige Nacht“, „Die Verehrung des Kindes

Ankunft der Heiligen Drei Könige

Gefolge der Heiligen Drei Könige

durch die Heiligen Drei Könige", „Der Kindermord zu Bethlehem" und „Die Flucht nach Ägypten". Eine besondere Beachtung verdient der Zug der Heiligen Drei Könige. Prächtig und prunkvoll sind die Könige gekleidet mit kostbaren Materialien. Üppig geschmückt sind die Tiere und in bunten, exotischen Gewändern präsentiert sich das Gefolge. Verstärkt wird der theatralische Eindruck durch gute Lichteffekte und das Plätschern eines Baches.

So darf die Gaißacher Krippe als ein alpenländisches Juwel betrachtet werden, das jährlich viele Bewunderer anzieht.

Anbetung der Heiligen Drei Könige

„Trösterlein“ und „Weihnachtsreiterlein“ im Kloster Nonnberg ob Salzburg

Das „Trösterlein“

In Salzburg liegt am östlichen Ausläufer des Mönchsberges das Kloster Nonnberg. Gegründet durch den Heiligen Ruppert um das Jahr 700, ist es das älteste Frauenkloster im deutschsprachigen Raum. Bereits 1242 erhielt die damalige Äbtissin Gertrud II. von Stein von Papst Gregor IX. die Erlaubnis, für sich und ihre Nachfolgerinnen die Pontifikalien eines Abtes tragen zu dürfen.

In der Klausur des Klosters befindet sich eine allerliebste Darstellung des Jesuskindes, das liebevoll das „Trösterlein“ genannt wird. Es handelt sich dabei um eine holzgeschnitzte und bunt gefasste, alpenländische Plastik von ca. 40 cm Höhe. Die kostbare Bekleidung stammt der klösterlichen Überlieferung nach aus der Mozart-Zeit. Das stehende Kleinkind blickt den Beschauer freundlich an und reicht ihm mit der rechten Hand einen Apfel. „Zur Ergötzlichkeit der Nonnen“ hat das Jesuskind die um 1620 regierende Äbtissin Magdalena I. von Schneeweis von einem – leider inzwischen unbekannten – Künstler für ihren Konvent anfertigen lassen.

Ebenso zur weihnachtlichen Vorfreude der Klostergemeinschaft dürfte das „Weihnachtsreiterlein“ gedient haben. Die alpenländische Holzskulptur um 1520 dürfte in der Regierungszeit der Äbtissin Regina von Pfaffinger entstanden sein. Das Jesuskind reitet auf einem vergoldeten Pferd und bläst mit seiner Trompete das kommende Weihnachtsfest an. Auf dem Reitermantel ist rundherum fünfmal das Jesusmonogramm JHS in Perlen und Goldborten gestickt. Im Kloster war es Brauch, dass die Schwestern das ca. 15 cm hohe Figürchen bereits am Sonntag „Gaudete“ in ihrem Refektorium auf den Abteitisch stellten und sich über den kleinen Herold als Künder der gnadenreichen Zeit erfreuten.

Das „Weihnachtsreiterlein“

Der „Göttliche Haushalter" in Altenhohenau

In der Klosterkirche von Altenhohenau am Inn, die von dem Münchner Rokokobildhauer Franz Ignaz Günther 1774 ausgestattet wurde, befindet sich in einem barocken Gehäuse, nahe dem linken Seitenaltar, eine Jesuskindfigur, die in der Klostergeschichte der Dominikanerinnen als der „Göttliche Haushalter" genannt ist. Wann er in das um das Jahr 1235 gegründete Kloster gekommen ist, liegt im Dunkeln. Entstanden ist die 52 cm hohe Holzplastik um 1430 und wird dem Meister von Seeon zugeschrieben.

Sicher wurde das Jesuskind von den Schwestern durch die Jahrhunderte geschätzt und verehrt, sonst wäre es nicht erhalten geblieben. Als am 16. April 1730 die Münchner Bürgerstochter Elisabeth Franziska Weigl in das Kloster eintrat, widmete sie ihre ganze Andacht diesem lieblichen Bildnis. Als Schwester Columba pflegte sie die Verehrung ununterbrochen bis zu ihrem Tod 1783. Der Legende nach soll der „Göttliche Haushalter" während der Nacht die Zellen der Klosterfrauen aufgeräumt haben, was man an seinen durchgelaufenen Seidenschühchen zu erkennen glaubte.

Als 1803 das Kloster säkularisiert wurde, brachte die Priorin, eine Nichte der gottseligen Columba Weigl, das Jesuskind bei ihren Münchner Verwandten in Sicherheit. Nach der Wiederbegründung vieler Klöster unter König Ludwig I. wanderte das Columba-Jesulein durch die Geistlichen Häuser in Schwaben und Altbayern. Seine Darstellung – in der linken Hand hält es eine blaue Traube, mit der Rechten bietet es eine Beere davon an – erfreute so sehr, dass man sich in den von ihm besuchten Klöstern Repliken in Holz und Wachs anfertigen ließ. Noch heute können sie unter anderem in Bad Wörishofen, Kaufbeuren, Wettenhausen und Mindelheim bewundert werden. Bis 1925 befand sich der „Göttliche Haushalter" bei den Kapuzinern in München.

Der „Göttliche Haushalter"

Am 22. August jenes Jahres kehrte er in einer Kutsche nach Altenhohenau zurück und hielt unter Glockenläuten Einzug in die Kirche, die er 122 Jahre vorher verlassen hatte. In seinem Reisewagen war auch ein Kleiderschränkchen, das seine Gewänder in den liturgischen Farben des Kirchenjahres aus drei Jahrhunderten barg. Schränkchen und Kleider sind in der Sakristei der Klosterkirche aufbewahrt. Die Verehrung findet so ihren Fortbestand – gefördert durch die Wiederbesiedelung des Klosters durch die Schwestern vom III. Orden des Heiligen Dominikus aus San José in Kalifornien.

Das Wallfahrtsjesulein von Altenhohenau

Auf dem Altar der Epistelseite befindet sich in einem elegant ausgeführten Rokokoschrein das „Altenhohenauer Jesulein". Dieses Gnadenbild ist eine hölzerne Schnitzfigur – eine Nachbildung des Loretto-Kindls der Kapuzinerinnen in Salzburg. Auf einem prächtigen Rocaille-Sockel steht die 9 cm hohe Kleinplastik im reichen Brokatkleidchen mit Krone, Zepter und Kreuz. Wohl dem Umstand, dass es in Palästina an vielen heiligen Orten anberührt war, verdankt es seine Verehrung. Bereits 1740 lassen sich die ersten Gebetserhörungen nachweisen. Auf einem Kupferstich aus derselben Zeit wird das Altenhohenauer Jesulein unter den zwölf bedeutendsten Wallfahrtsbildern des Kurfürstentums Bayern dargestellt.

Wallfahrtsjesulein

Das Salzburger Loretto-Kindl

Im St.-Maria-Loretto-Kloster der Kapuzinerinnen zu Salzburg wird seit über 300 Jahren ein kleines – 10 cm großes – Jesuskindfigürchen aus Elfenbein verehrt. Es gilt als wundertätig, was in diversen Mirakelbüchern über die lange Zeit seiner Anwesenheit in Salzburg hinweg dokumentiert ist. Bis auf den heutigen Tag sind seine Gnadenerweise spürbar.

Als Geschenk hatte es die Kapuzinerin Maria Euphrasia Silberrath aus Offenburg von einer Gräfin Öttingen um 1620 erhalten. Mutter Euphrasia war in dieser Zeit mit der Gründung des Klosters Ensisheim im Elsass beauftragt worden und so gab sie der Bitte des Paters Chrysostomus nach, ihm das Jesuskind leihweise zu überlassen. Allerdings musste er versprechen, wenn er sich dem Tod nahe fühle, das Kindlein umgehend an Mutter Euphrasia zurückzusenden. Nachdem er dies gelobt hatte, erhielt er das Jesuskind, nähte ihm ein violettes Kleidchen und gab ihm ein Kreuz in die linke Hand und ein Vergissmeinnicht in die Rechte. Damit ihn das Kind auf all seinen Reisen begleiten konnte, ließ er ein kleines Holzkästchen – das sog. „Stammhäusl“ – anfertigen, das heute noch bei den Kapuzinerinnen verwahrt wird. Pater Chrysostomus war ein glühender Verehrer des göttlichen Kindes und erlebte bis zu seinem Tod im Jahr 1643 die ersten Wunder. Im Kloster Delsberg, wo Pater Chrysostomos starb, wusste niemand von dem Versprechen an Mutter Euphrasia, und so kam es, dass der Kapuziner-Provinzial von Herbstain das Figürchen seiner Schwester Maria, die Oberin im Kloster Diefendorff war, schenkte. Schwester Maria von Herbstain und ihr Konvent sahen „Glück und Heil“ für ihr Kloster in dem Kind und verehrten es sehr. Auch sie wurden Zeugen von seinen Wundertaten. Auf einer Reise kam Mutter Euphrasia zufällig in das Kloster Diefendorff und erfuhr von der Anwesenheit ihres Jesuleins. Wiederum erlaubte sie, dass Maria von Herbstain das Kind bis zu ihrem Tode behalten dürfe.

Fürsterzbischof Wolf Dietrich von Raitenau hatte bereits 1596 die Kapuziner nach Salzburg berufen, um durch ihr Beten, ihr Buß- und Opferleben Segen und Gnade für Stadt und Land zu erlangen. Deshalb förderte er auch die Ansiedlung von Kapuzinerinnen in seinem Hoheitsgebiet. 1636 waren Kirche und Kloster fertig gestellt und wurden von den Schwestern bezogen. 1643 kam dann Schwester Euphrasia aus dem Elsass und sieben Jahre danach folgte ihr das Elfenbeinkindlein aus Diefendorff. Alle Unbilden einer wechselvollen Zeit hat das Jesulein überstanden und empfängt nun seit 1650 Beter, Pilger und Hilfesuchende in Salzburg. Bekleidet wird es mit kostbaren Gewändern – Geschenken von hoch gestellten Persönlichkeiten aus mehr als drei Jahrhunderten. Kreuz, Krone und Zepter machen es zum kleinen König. Täglich erteilt die Mutter Oberin mit ihm den Segen über alle, die zu ihm kommen und seine Hilfe erbitten.

Das gnadenreiche Loretto-Kindl

Die Tuntenhausener Krippe

Der bayerische Kurfürst Ferdinand Maria schenkte 1678 – ein Jahr vor seinem Tod – der Wallfahrtskirche Tuntenhausen bei Rosenheim eine im wahrsten Sinn höfische Krippe. Diese war so umfangreich, dass fünfzehn Szenen zu stellen waren, basierend auf den Texten des Missale Romanum von 1570. Bei der Aufstellung der jeweiligen Bilder wirkten die Augustiner-Chorherren des nahe gelegenen Klosters Beyharting beratend mit. Ihnen oblag ohnehin die Betreuung der Wallfahrt „Zur mächtigen Jungfrau von Tuntenhausen". Die erste Darstellung war jeweils am 24. Dezember die Herbergssuche und die letzte am Sonntag vor dem Aschermittwoch die Heilung des Blinden bei Jericho. Nach dem Verbot des Aufstellens der Krippen durch die Aufklärer Ende des 18. Jahrhunderts versteckte man den kostbaren Schatz und entzog ihn somit ihrem Zugriff. Dieser geschickten Fügung ist es zu verdanken, dass der komplette alte Bestand erhalten geblieben ist und 1840 unversehrt hervorgeholt werden konnte. Aus demselben Jahr hat sich auch ein Aufstellungsplan „Zum Richten des Krippels" erhalten. Der damalige Pfarrer Johann Aquilin Kainz – ein ehemaliger Augustiner-Chorherr – hat ihn erstellt.

Nicht zuletzt diese Aufzeichnungen ermöglichten es, aus der Wandelkrippe eine Simultankrippe zu gestalten und somit alle Szenen gleichzeitig zu zeigen. Seit fast zehn Jahren kann man nun die Neuaufstellung bewundern, allerdings nicht mehr in der Wallfahrtskirche, sondern im nahen Pfarrhof. Bei der Betrachtung zeigt sich ganz deutlich die höfische Herkunft. Die hohe bildhauerische Qualität der Figuren lassen Schnitzer des Münchner Hofes als Urheber vermuten. Die adäquate Bekleidung dürfte in Klöstern der Landeshauptstadt gefertigt worden sein. In kostbar gewebte Stoffe mit reicher Stickerei und schweren Borten sind die Figuren gekleidet, ergänzt durch fein gearbeitete Perücken, Spitzen und Schmuck. Höfisch ist auch das Beiwerk wie Kulissen, Einrichtungsgegenstände und Geschirr. In barocken Prachtgewändern sind die Heiligen Drei Könige zu sehen, und nicht weniger elegant und kostbar sind die als himmlische Herolde dargestellten Engel gekleidet.

Mit ihren 1300 Teilen – davon allein 250 Figuren – darf man die Tuntenhausener Krippe als Denkmal bayerischer Barockkultur bezeichnen.

König Melchior

Ankunft der Heiligen Drei Könige ▶

GLORIA

Das „Bethlehemitische Jesuskind“ in Lenzfried

Auf dem rechten Seitenaltar der ehemaligen Klosterkirche St. Magnus in Lenzfried bei Kempten ist in der Weihnachtszeit ein reich gekleidetes Jesuskind in einem goldenen Schrein zu sehen. Der damalige Guardian des Lenzfrieder Franziskanerklosters – Pater Gratus Bscheider – hat es aus dem Heiligen Land 1756 mitgebracht. Er war viele Jahre als Missionar in Palästina tätig und gehörte zu den Wächtern des Heiligen Grabes in Jerusalem. Das Jesuskind war ursprünglich Teil einer Krippe, die erstmals am „Heiligen Weihnachtsfest 1756" in der Kirche aufgestellt wurde.

Das Christkind „ist geweiht und berührt mit dem gnadenreichen Geburtsort unseres Herren Jesu Christi zu Bethlehem", so ist es in alten, noch vorhandenen Archivalien zu lesen. Es wurde von der Bevölkerung des Allgäus wallfahrtsmäßig verehrt und mit Weihegaben beschenkt. Aus dem 18. Jahrhundert ist uns ein eigenes Gebet zum Lenzfrieder Jesuskind überliefert – hier der Originaltext:

„O Jesu, der ligst alhier,
Nimm deine Herberg auch bey mir,
Mein Herz soll die Krippe seyn,
Verleih mir deinen Gnadenschein,
Das ich den Weg der Tugend gehe
Und nie nach falschen Irrlicht sehe."

Auch wurden Andachtsbildchen gedruckt und an die Wallfahrer verkauft. Darauf ist das Jesuskind jedoch nur mit einer Windel angetan zu sehen. Sein jetziges Gewand erhielt es erst um 1900 aus kostbaren alten Materialien.

Die Krippe von Pater Gratus ist bei der Säkularisation 1803, die auch das Gebiet des Hochstifts Kempten nicht verschonte, untergegangen. Obwohl der letzte Franziskanerpater 1811 Lenzfried verließ und erst 1857 die Armen Schulschwestern Unserer Lieben Frau das Kloster neu besiedelten, blieb das „Bethlehemitische Jesuskind" erhalten und wird dort bis in unsere Tage verehrt.

Das Lenzfrieder Bethlehemkind

Das Christkindl in St. Quirin in München-Aubing

Nachdem sich zu Beginn des 17. Jahrhunderts die Kunde vom Wunder des Münchner Augustinerkindls im ganzen Kurfürstentum Bayern verbreitet hatte, war man bestrebt, Repliken davon herzustellen, diese anzuberühren und regional zu verehren. Hierzu waren in erster Linie die Frauenklöster in der „Churfürstlichen Haupt- und Residenzstadt" und die nahe gelegenen Konvente des Umlandes auf den Plan gerufen. Die meisten von ihnen übten sich in der Kunst der Paramentenstickerei, in den sog. Schönen Arbeiten wie dem Fassen von Heiligenreliquien und dem Wachsguss. So war es möglich, dass kunstvolle Jesuskinddarstellungen für Kirchen und Bürgerhäuser entstehen konnten. Im süddeutschen Raum haben viele die Jahrhunderte überdauert und sind heute kostbare Zeugen ihrer Entstehungszeit.

Ein Zentrum der Christkindl-Herstellung von besonderem Rang war das Kloster Reutberg bei Bad Tölz. Dies zeigt beispielsweise ein wunderschönes Wickelkind („Fatschenkindl") – eine verkleinerte Nachbildung des Augustinerkindls – in der Pfarrkirche St. Quirin im Münchner Stadtteil Aubing. In den weihnachtlichen Tagen ist es auf dem rechten Seitenaltar in einem Rokokoschrein zu sehen. Auf einem rotseidenen Bett mit zurückgezogenen Vorhängen liegt es, reich mit Goldfiligranblumen, Perlen und bunten Edelsteinen verziert. Auf dem bestickten, blassblauen Hintergrund ist das Jesusmonogramm JHS in feiner Goldschmiedearbeit angebracht. Von derselben Qualität ist auch der Strahlenkranz, der sich um das ausdrucksvolle Wachsgesichtlein legt.

Das Augustinerkindl in St. Quirin

Der Altar der Heiligen Familie von St. Quirin in Aubing

Altarbild der Hl. Familie in St. Quirin

Der linke Seitenaltar der Aubinger St. Quirinskirche ist der Heiligen Familie geweiht. Das Bild des sog. „Heiligen Wandels" hat der Brucker Barockmaler Johannes Pichler 1675 gemalt. Es zeigt den Jesusknaben mit blauem Kleidchen und Purpurmantel an der rechten Hand des Heiligen Josef. Dieser trägt einen goldfarbenen Mantel über seinem lila Gewand und hält sein Attribut – die weiße Lilie – in der Linken. Das Jesuskind blickt auf zu Maria und überreicht ihr einen bunten Blumenstrauß. Maria, in rotem Kleid, blauem Mantel und weißem Schleier, blickt liebevoll auf das Kind. Im Hintergrund tut sich eine barocke Gartenallee auf mit einem vierströmigen Brunnen in der Mitte. Über den Baumkronen schwebt lichtumflutet der Heilige Geist in Gestalt einer Taube. Darüber ist Gottvater in einem Kranz von Engeln zu sehen. Die Gestaltung des Altarblattes ist der barocken Krippen ähnlich: sowohl in den liturgischen Farben der Kleider als auch in der Himmelsglorie. Die höfischen Gewänder der Eltern und der purpurne Königsmantel des Kindes verweisen einerseits auf die Herkunft aus dem Hause Davids und andererseits auf das kommende Königtum Jesu Christi.

Die Kastenkrippe von St. Martin in Bernried

Seit zwei Jahren wird in der Weihnachtszeit in der St. Martinskirche von Bernried am Starnberger See wieder eine außergewöhnliche Kastenkrippe gezeigt. In ihrer heutigen Form des frühen 19. Jahrhunderts spiegelt sie noch ganz den Geist früherer, strengerer Glaubenshaltung wider. In einem Paradiesgarten mit üppigen Blüten ruht das schlafende Jesuskind auf dem Kreuz. Sieht man genau hin, so ist unter dem Kissen ein Totenkopf zu erkennen. Dies ist zum einen ein Hinblick auf das kommende Leiden und Sterben Jesu, zum anderen aber sollte es für den Betrachter ein „Memento mori" – ein Gedenken des Todes – sein. Der Künstler des elegant bewegten Wachskindes und des anatomisch fein gearbeiteten Totenkopfes ist nicht mehr zu ermitteln. Nahe liegend wäre, dass die beiden Stücke noch aus dem ehemaligen Bernrieder Augustiner-Chorherren-Stift stammen und später neu verziert worden sind.

Das schlafende Jesuskind in Bernried

Die Krippe der Mysterienbühne in Dießen

Das Dießener Christkind

Im Marienmünster zu Dießen am Ammersee verbirgt sich hinter dem 8 m hohen Hochaltarbild eine Mysterienbühne, auf der sechs Bilder gezeigt werden können. Zu sehen sind die Ölbergszene, die Kreuzigung, das Heilige Grab und die Auferstehung. Zudem kommen in der aufwendigen Kulissenarchitektur, die der namhafte Augsburger Maler Johann Georg Bergmiller schuf, das Weihnachtsgeschehen und die Anbetung der Heiligen Drei Könige zur Aufstellung.
In der Krippe sitzt das berühmte Dießner Jesuskind. Einer alten örtlichen Überlieferung nach war das Kind in der Heiligen Nacht einst nur mit einem weißen Hemdchen bekleidet. Zum Empfang der Könige wurde ihm dann sein Prunkkleidchen angezogen. Dies besteht aus reich gewebtem Brokat mit üppigem Blumenmuster. Dazu trägt das Kind einen roten, goldbestickten Samtmantel. Zur Einweihung der Kirche im Jahre 1739 sind die Priesterornate und die Gewänder der Leviten aus denselben Paramentstoffen genäht worden.
Die Dießner Mysterienbühne aus der gleichen Zeit gehört zu den großen Seltenheiten der kirchlichen Baukunst und wurde von Propst Herculan Karg als „theatrum sacrum" im „Thronsaal Gottes" – wie die Dießner Klosterkirche genannt wurde – errichtet.

Die Heilige Nacht ▶

Das stehende Jesulein von Herz Jesu in München-Neuhausen

In den ausgehenden siebziger Jahren des letzten Jahrhunderts stiftete ein Bürger des Münchner Stadtteils Nymphenburg der Herz-Jesu-Kirche eine 80 cm hohe Jesuskindfigur. Entstanden ist sie im alpenländischen Raum um die Mitte des 18. Jahrhunderts. Eine kunstsinnige Dame der Gemeinde fertigte Prunkkleidchen mit reicher Stickerei in aufwendiger Handarbeit. Im nahe gelegenen Pfarrhaus untergebracht, überstand die Figur den Brand im November 1994, der die ganze Kirche in Schutt und Asche legte. Zwischenzeitlich war das Christkind im nahen Winthirkirchlein untergekommen. Zum Weihnachtsfest des Jahres 2000 wird es seinen Einzug in die wieder aufgebaute und neu geweihte Kirche halten.

Das Jesukindlein in Herz Jesu

Das Weihnachtsrelief von Herz Jesu in München-Neuhausen

Wohl zu den schönsten Weihnachtsdarstellungen Bayerns gehört ein spätgotischer Altarflügel aus der Wallfahrtskirche „Maria Thalkirchen" im Süden von München. Dort war er Bestandteil des Hochaltars von 1482, den wohl eine Münchner Werkstatt geschaffen hat. Nach der Neugestaltung des Thalkirchner Wallfahrtsaltars wurde das Relief um 1700 in das Winthirkirchlein nach Neuhausen gebracht. Nach dem Zweiten Weltkrieg kam es in eine Seitenkapelle der Pfarrkirche Herz Jesu in Neuhausen. Zum Glück hat es den Brand derselben 1994 überlebt und ist seitdem – restauriert – im Diözesanmuseum in Freising zu bewundern. Ruhe und Beschaulichkeit liegen über dem ganzen Relief. Maria blickt mit gefalteten Händen auf das Neugeborene und Josef erhellt den Stall mit einer brennenden Kerze in der Hand. Zwei Engel mit kindlichen Zügen schaukeln das Jesuskind in einem schalartigen Tuch aus den Gewändern Marias. Offensichtlich findet das Christkind Gefallen daran, denn es versucht den rechten Zeigefinger in den kleinen Mund zu führen. Aus dem abgegrenzten Teil des Stalles schauen Ochs und Esel herein und golden gefärbt ist der Horizont in der glückseligen Nacht.

Weihnachtsrelief aus Maria Thalkirchen, jetzt Diözesanmusem Freising

Das Prager Jesulein in München

In der Kirche S. Maria de Victoria in Prag wird bis in unsere Zeit das wundertätige Prager Jesuskind hoch verehrt. Vor 1600 wurde es von der spanischen Adeligen Isabella de Lara nach Prag gebracht. Ihre Enkeltochter, Fürstin Polyxena von Lobkowitz, schenkte es 1628 dem Kloster der Karmeliten. Pater Cyrillus a Mater Dei verehrte das Kind sehr und hielt Zwiesprache mit ihm. „Je mehr Ihr mich ehrt, umso mehr werde ich Euch segnen“, soll es zu ihm gesagt haben. Trotz Kriegswirren erlangte die Verehrung bis zur Josephinischen Klosterreform 1784 weltweite Bedeutung. Die Wundertaten, Gnadenerweise und Erhörungen füllen viele Bände von Mirakelbüchern. Aus Dankbarkeit wurde das Kind mit kostbaren Gewändern beschenkt. In der ganzen Welt wurde seine Verehrung durch die Karmeliten verbreitet und in den Klöstern dieses Ordens wird seit 1644 der 14. Januar als Gedenktag des Prager Jesuleins begangen. Im „Teutschen Rom“, wie München im 18. Jahrhundert genannt wurde, gab es ein Frauen- und ein Männerkloster des Karmel, und so ist es

Prager Jesulein in St. Georg, Bogenhausen

nahe liegend, dass sich der Prager Kult auch auf diese Stadt ausgedehnt hat.
Von zwei Beispielen soll nun die Rede sein. In der St. Georgskirche in München-Bogenhausen befindet sich eine 52 cm große Replik des Prager Jesuskindes. Die Herkunft der alpenländischen Holzplastik ist unbekannt wie auch der Bildhauer. Die Präsenz in St. Georg lässt sich jedoch bis weit in das 19. Jahrhundert zurückverfolgen. Auf dem lockenumrahmten Köpfchen sitzt eine Neorokokokrone mit bunten Glassteinen. Das Jesuskind trägt ein kegelförmiges, gefaltetes Kleidchen mit reichen Goldborten und einen bestickten Brokatmantel.
Ähnlich ist es in der Damenstiftskirche an der gleichnamigen Straße in der Münchner Innenstadt. Das dort verwahrte Prager Jesuskind stammt möglicherweise noch aus dem Besitz der adeligen Stiftsdamen. Die etwas zu große Krone gehörte sicher nicht dazu und dürfte – wie das Kleidchen – eine spätere Beigabe sein. Ein Glücksfall ist es, dass die Figur die fast völlige Zerstörung der Kirche im Zweiten Weltkrieg überlebt hat und seit dem Wiederaufbau auf dem Tabernakel des prunkvollen Hochaltares in der Weihnachtszeit wieder gezeigt werden kann.

Prager Jesulein in der Damenstiftskirche

Die Münchner Domkrippe

Bei der Neugestaltung des Münchner Liebfrauen-Domes hat die Krippe einen besonderen Platz in der Tulbeck-Kapelle unter dem Nordturm erhalten. In einem modernen Gehäuse nach dem Entwurf von Carl Theodor Horn kann man zwei Szenen bewundern. Mit ausgesuchten Naturmaterialien werden die Heilige Nacht der Hirten und die Huldigung der Magier ausstaffiert. Sicher hat die Domkrippe eine künstlerisch hochwertige Vorgängerin gehabt, welche den radikalen Aufklärern zum Opfer gefallen ist. Um die Wende zum 20. Jahrhundert wurde vom Dompfarramt die heutige Krippe von dem akademischen Bildhauer Sebastian Osterrieder erworben. Durch die schwere Bombardierung des Domes 1943–1945 entstanden große Lücken im Figuren- und Kulissenbestand. Nach dem Krieg versuchte man diese zu schließen, indem man die Künstler O. Zehentbauer und J. Bradl mit den Ergänzungen beauftragte – mit Erfolg wie man sieht, denn die Domkrippe gehört heute wieder zu den großen, markanten und ausdrucksstarken Darstellung des Weihnachtsgeschehens in der Stadt.

Huldigung der Magier

Seite 72: Ankunft der Magier

Das Jesuskind in der Heilig-Geist-Kirche zu München

In Beschreibungen der Münchner Kirchen der Innenstadt ist noch Ende des 19. Jahrhunderts festgehalten, dass in der Weihnachtszeit auf vielen Altären ein Jesuskind stand, in einer Krippe oder einem Glasschrein lag. Deswegen verfügen die alten Münchner Pfarreien über mehrere Christkindfiguren, die sich aus noch größeren Beständen erhalten haben.

So befindet sich auch in der Heilig-Geist-Kirche am Viktualienmarkt ein sehr gutes Exemplar aus dem späten 18. Jahrhundert. Wann es in die Kirche gekommen ist, weiß man nicht. In den noch vorhandenen Archivalien ist es nicht erwähnt – aber am hohen Weihnachtsfest thront es auf dem Hochaltar. Ursprünglich dürfte es unbekleidet gezeigt worden sein, da es keine starre Statue ist, sondern ein sich bewegendes Kleinkind darstellt. Das Kleidchen, die Dalmatik und der Mantel stammen wohl aus der zweiten Hälfte des 20. Jahrhunderts, ebenso die Krone. In dieser Zeit wurde die Heilig-Geist-Kirche wieder aufgebaut und restauriert. Während das Kind seine rechte Hand zum Segen erhebt, ist die Funktion der Linken unklar. Sicher dürfte es mit ihr einst ein Kreuz oder ein Szepter gehalten haben. Die fein geschnitzten Locken, das freundliche Kindergesichtchen und der edle Gestus lassen einen mit der Materie sehr gut vertrauten Künstler des Alpenlandes erkennen.

Das Jesuskind in der Heilig-Geist-Kirche

Die Krippe der Münchner Peterskirche

Betritt man die Peterskirche – den Alten Peter, wie sie im Münchner Volksmund genannt wird – vom Marienplatz her, so fällt der Blick zu Rechten in der Advents- und Weihnachtszeit direkt auf den Krippenkasten. Von der Verkündigung, der Herbergssuche und der Geburt Jesu über die Heiligen Drei Könige und die Flucht nach Ägypten bis zum Haus Nazareth sieht man die Szenen der gnadenreichen Zeit in orientalischer Manier dargestellt.

Kein Wunder, denn der Schöpfer der Figuren – Sebastian Osterrieder – hat die auf seinen Studienreisen durch Palästina erfahrenen Eindrücke hier festgehalten. Unzählige Skizzen und Aquarelle hat er dort gemacht und nach München mitgebracht. Somit konnte er Kostüme, Mimik und Gestik originalgetreu wiedergeben. Seine auf der Kunstgewerbeschule und der Kunstakademie erworbenen Kenntnisse ermöglichten ihm die Umsetzung in die Realität. Die Bewegtheit seiner Figuren steigerte er durch Studien an neapolitanischen Vorbildern. Die „Osterrieder-Technik" bestand darin, dass die geschnitzten Holzfiguren mit leimgetränkten Textilien bekleidet und nach der Härtung mit orientalischen Mustern bemalt wurden. Bei der fein dosierten Beleuchtung, der guten Platzierung der Figuren und dem leichten Schattenwurf derselben hat die Krippe eine faszinierende Wirkung.

Erworben hat sie Monsignore Theodor Becker um 1912 als Stadtpfarrer von St. Peter. Die Kulissen malte nach dem Zweiten Weltkrieg der kunstbegabte Benefiziat Schäfer von St. Maximilian. Den Krippenkasten fertigte der langjährige Kirchenschreiner von St. Peter, Karl Mederer.

Ruhe auf der Flucht nach Ägypten

Das Hochaltarbild der Wieskirche

In der Wallfahrtskirche „Zum Gegeißelten Heiland auf der Wies“ – kurz die „Wies“ genannt – ist über dem Gnadenbild das Altarblatt der Heiligen Sippe angebracht. Der Münchner Hofmaler Balthasar Albrecht hat es zwischen 1746 und 1748 in seinem Münchner Atelier gemalt. Vor dem Grab König Davids hat sich die Heilige Familie versammelt, womit die Herkunft Jesu aus dem königlichen Geschlecht dokumentiert werden soll. In der Mitte hält Maria das stehende Jesuskind auf ihrem Schoß. Es hat die Arme ausgebreitet, was auf die spätere Kreuzigung hinweist. Der Heilige Josef mit dem Lilienzweig küsst liebevoll das ausgestreckte Kinderhändchen. Elisabeth davor umfängt den Johannes-Knaben, der dem Jesuskind ein kleines Schaf zeigt. Im priesterlichen Gewand, mit Hörnermitra und zwölfgeteiltem Brustschild, ist Zacharias, der Vater des Johannes, zu sehen. Anna, die Großmutter Jesu, steht hinter dem Kind und blickt hinauf zur Engelsgruppe in den Wolken. Ebenso ihr Gatte Joachim. Das Purpurgewand des Engels ist als Königsmantel anzusehen, den Jesus bei der Dornenkrönung tragen wird. Neben Maria bietet ein Engel Früchte auf einem Silberteller an. Ein prächtiger Rokokorahmen umschließt das fantastisch ausgeführte Gemälde.

Die Heilige Sippe in der Wieskirche

Die Kastenkrippe der Wieskirche

In der an die Wieskirche angebauten Prälatur befindet sich ein Wallfahrtsmuseum. In seinen Beständen ist eine inzwischen restaurierte, hochinteressante Kastenkrippe mit einem „gefatschten" – gewickelten Jesuskind aus dem frühen 19. Jahrhundert. Der qualitätvoll gearbeitete Wachskopf sitzt auf einem mit üppigen Golddrahtarbeiten verzierten Wickelpack. Um die Schultern sind feine Valenciennesspitzen gelegt. Auf das rosa Seidenkissen sind Goldornamente gestickt. Eingebettet ist das Kind in eine Garten- und Felsenarchitektur. Darauf verteilt sind bunte Samtblümchen, seidene Blätter, Schneckenhäuschen und glänzende Steine. Als Vorbild dienten hier die in Italien gefertigten Gehäuse, die mit Muscheln, Perlen und Korallenästchen – den Schätzen des Meeres – ausgestattet waren. In der Heiligen Nacht und an den Festtagen steht die Kastenkrippe auf dem „Bruderschaftsaltar zum Gegeißelten Heiland auf der Wies" – dem südlichen, rechten Seitenaltar.

Fatschenkindl im Paradiesgärtlein

Die Kirchenkrippe von Edelstetten

Um die Mitte des 18. Jahrhunderts entschloss sich der Konvent des adeligen Damenstiftes im schwäbischen Edelstetten zur Beschaffung einer Krippe. Sie sollte in der neu gebauten Klosterkirche, die 1710 von Johann Baptist Zimmermann ausstuckiert worden war, Aufstellung finden. Dazu wurden 120 holzgeschnitzte, bewegliche Gliederpuppen angefertigt. Es ist nahe liegend, dass die Bekleidung derselben im Stift selbst erfolgt ist. Zum einen waren die Stiftsdamen der feinen Näh- und Stickarbeiten kundig und zum anderen war das Beibringen der kostbaren Textilien, der goldenen Borten und Spitzen sowie der Stickutensilien aus ihren adeligen Familien nahezu selbstverständlich. Die Anfertigung der Figuren und der dazu gehörigen Gebäude wie Stall, Herodespalast und Tempel von Jerusalem erfolgte zwischen 1750 und 1760. Eine modische Besonderheit bildet ein Rokokoschlösschen mit feinem, vergoldetem Mobilar, ebenso eine von Maultieren getragene Sänfte für die Königin Herodias.

Trotz der Aufhebung des Stiftes wurde die Krippe alljährlich bis 1870 aufgestellt. Um

Die Engel an der Krippe

Hirten aus dem Gebirge

Der zwölfjährige Jesus im Tempel ▶

1900 war sie dann in der Michaelskapelle oberhalb des Ortes zu sehen. Künstler aus Krumbach und Thannhausen hatten sie renoviert und einen neuen Hintergrund angefertigt. 1982 wurde der gesamte Bestand erneut restauriert, und somit ist es möglich, dass wieder die ursprünglichen sieben Szenen in einem Nebenraum der Kirche gezeigt werden können: Christi Geburt mit den Hirten, Anbetung durch die Heiligen Drei Könige, Darbringung im Tempel, Bethlehemitischer Kindermord, der Jesusknabe im Tempel, das Haus Nazareth und die Hochzeit zu Kana.

Die Klosterkrippe von Benediktbeuern

Nicht allzu viele Krippen haben die Säkularisation und die Erlahmung der Krippenfreude zum Ende des 19. Jahrhunderts so unbeschadet überstanden wie die des ältesten Benediktinerklosters auf altbayerischem Boden in Benediktbeuern. Mit Ausnahme der verschiedenen Tiere, die der Schnitzer Niklas aus der Münchner Vorstadt Au im beginnenden 19. Jahrhundert hinzugefügt hat, ist fast der ganze Figurenbestand von nahezu 100 Stück noch aus dem 18. Jahrhundert vorhanden. Datierungen sind auf einzelnen Bauwerken und anderen Gegenständen von 1741 bis 1798 zu lesen. Die Köpfe der 25–30 cm großen Figuren sind aus Holz oder aus Wachs mit Glasaugen. Die beweglichen Hände und Füße – teilweise auch Stiefel und Sandalen – sind aus Holz geschnitzt. Erfreulicherweise haben sich großteils auch die kostbaren Textilien und Stickerein der originalen Bekleidung erhalten. Was zu erneuern war, wurde mit sehr viel Feingefühl und Materialkenntnis vorgenommen, sodass der Unterschied dem Betrachter kaum auffällt.
Aufgestellt wird die Krippe jedoch nicht mehr in der Basilika des Klosters, sondern in der modernen Marienkirche im Ort selbst. Von der Verkündigung an Maria durch den Erzengel Gabriel am 8. Dezember werden bis März alle zwei Wochen wechselnde Szenen aufgebaut. Das letzte Bild ist die Hochzeit zu Kana. Besonders prächtig ist der Zug der Heiligen Drei Könige. In ihm wird ein Elefant mitgeführt, der ein menschliches

Die Hirten kommen zur Krippe

Die Flucht nach Ägypten

Gesicht zeigt. Feingliedrig sind die Pferde und hoheitsvoll die Gesichter der darauf reitenden Magier. Interessant sind auch die Bekleidungen des Gefolges der Könige. Sie lassen auf die Uniformen zur Zeit des Österreichischen Erbfolgekrieges schließen, der Bayern in große Not brachte und dem der fromme Kurfürst Max III. Joseph ein Ende durch den Frieden von Füssen machte. In der sachlich-modernen Marienkirche kommt die qualitätvolle Krippe gut zur Geltung und kann ihre Pracht unbeeinträchtigt entfalten.

Der Altar der Heiligen Familie in Bernried

Im Jahre 1663 begründete Johann Riedl, der Propst des Augustiner-Chorherren-Stiftes Bernried am Starnberger See, die Bruderschaft „Vom heiligsten Wandel Jesus, Maria, Joseph" oder „Von der allerseligsten Hausgemeinschaft". Für das Abhalten der Bruderschaftsmessen bestimmte er den linken Seitenaltar des Martinsmünsters. Als Propst Albert Faber in den Jahren 1794/95 neue Altarblätter bei dem Münchner Maler Franz Kirzinger in Auftrag gab, erhielt auch der Bruderschaftsaltar ein themenbezogenes Bild. Es ist erhalten geblieben, und man sieht darauf die Heilige Familie auf dem Weg nach Jerusalem.

Josef, im blauen Gewand mit gelbbraunem Mantel, trägt auf seinem Rücken einen Reisekorb und hält diesen mit seinem Pilgerstock über der linken Schulter. Mit seiner rechten Hand führt er den Jesusknaben. Der Kleine, im zartlila Gewand mit einem Purpurmantel, blickt zur Gottesmutter auf. Zum roten Kleid mit blauem Umhang trägt Maria einen großen Reisehut. Ihre linke Hand hält das Kind, während der Gestus ihrer Rechten erklärend wirkt. Der Weg scheint steinig und hart. Eine Schilfpflanze an der rechten Ecke des Gemäldes weist auf die Seenähe der Klosterkirche hin. Im Hintergrund ist das Gebirge im Abendrot zu sehen. Darüber schwebt die Heiliggeisttaube im Gewölk. Gottvater, umgeben von Engeln, hebt segnend seine Hand über die Heilige Familie.

Der „Heilige Wandel", Altarbild in Bernried

Die Krippe der Abteikirche Rohr

Bald nach der Säkularisation des Augustiner-Chorherren-Stiftes 1802 erwarb der erste Pfarrer der Gemeinde für die ehemalige Klosterkirche – ein Barockjuwel der Gebrüder Asam – eine 300 Figuren umfassende Krippe bei einem Trödler in Regensburg. Entstanden ist der größte Teil derselben um 1770. Feinst ausgearbeitete Holzköpfe, Hände und Füße stecken an Drahtmontierungen in einfachen Körpern aus Holz. 20–30 cm groß sind die Figuren und tragen fast alle noch die Originalbekleidung aus der Entstehungszeit. Im ersten Drittel des 19. Jahrhunderts tauchen in den Klosterbüchern immer wieder Ausgaben für den Erhalt der Krippe auf. Eine Renaissance erlebte sie nach dem Zweiten Weltkrieg, als Benediktiner aus Braunau in Ostböhmen das Kloster bezogen und Rohr zur Abtei erhoben wurde. Die Mönche widmeten der Krippe allergrößte Sorgfalt. So kam es, dass der Gebäude- und Kulissenbestand restauriert und erweitert wurde.
Die Aufstellung erfolgt in einer Seitenka-

Die Tempel-Prozession

Ankunft der Heiligen Drei Könige ▶

pelle der Abteikirche. Durch den großen Figurenbestand lassen sich die fünf Darstellungen aufwändig gestalten. Im Bild der Heiligen Nacht ist auffällig, dass neben vielen Hirten eine stattliche Gruppe von Engeln in Form himmlischer Herolde vorhanden ist. Üppig ist der Hofstaat der Heiligen Drei Könige. In ihrem Gefolge führen sie eine Mohrenkapelle mit bunten Federröcken und minutiös geschnitzten Musikinstrumenten mit. Ein Fähnlein Soldaten, mit Hellebarden bewaffnet, trägt die spanische Hoftracht in Schwarz, Weiß und Gold. Bei der Darstellung im Tempel sieht man eine Prozession mit Priestern und Fahnen tragenden Ministranten. Reich gekleidet, die Hörnermitra tragend, zeigen sich die Hohen Priester vor dem zwölfjährigen Jesusknaben bei seiner Lehre im Tempel von Jerusalem. Altem Brauch entsprechend sind das Haus und der Festsaal bei der kanaanäischen Hochzeit mit bunten Blumen geschmückt. Prächtig ist das Brautpaar gekleidet, und die Tafel scheint sich fast zu biegen unter der Last der servierten Köstlichkeiten. Davor sind mit Blumen gefüllte Amphoren aufgestellt und die leeren Weinkrüge. Maria ergreift bittend die Hand ihres göttlichen Sohnes daneben. Obwohl es sich nicht um eine niederbayerische Hochzeit handelt, fehlt der ortsübliche Braut- oder Hochzeitslader nicht. Mit seinem mit bunten Bändern und Buchsbaumzweigen geschmückten, langen Stab ist er in der Rohrer Krippe eine Zentralfigur.

Der Weg zum Tempel in Jerusalem

Seite 90: Die Mohrenkapelle

Die Kirchenkrippe von Lenzfried

In der Lenzfrieder Pfarrkirche St. Magnus befindet sich in der Taufkapelle eine Krippe im nazarenischen Stil. Sie ist dort von Weihnachten bis Mariae Lichtmess aufgestellt. Eine Jahreszahl auf der Unterseite einer Königsfigur verweist auf das Entstehungsjahr 1903. In den Pfarrarchivalien lässt sich jedoch für diese Zeit kein Hinweis auf den Kauf einer Krippe finden. So darf man annehmen, dass es sich um eine Stiftung handelt.

Die insgesammt 27 Figuren von 16 bis 52 cm Größe sind holzgeschnitzt und sehr fein bemalt. Farben, Muster und Ausdruck lassen die orientalischen Krippen von Sebastian Osterrieder als Vorbild vermuten. Vor der Stadtkulisse Jerusalems ist in einer Palastruine die Heilige Familie zu sehen. Vier be-

Gefolge der Heiligen Drei Könige

Könige auf dem Weg zur Krippe

Anbetung der Heiligen Drei Könige ▶

wegt gearbeitete Hirten und dreizehn Schafe beleben das Bild. Beeindruckend ist die Anbetung der drei Weisen aus dem Morgenland mit ihren prächtigen Tieren und Dienern. Wie oft bei Nazarenerkrippen trägt das Jesuskind ein weißes Hemdchen.

Da gleichzeitig am rechten Seitenaltar der Kirche auch noch das „Bethlehemitische Jesuskind" aus dem 18. Jahrhundert gezeigt wird (siehe S. 60), ist der Besuch von Lenzfried in der gnadenreichen Zeit immer ein Erlebnis.

Das Augustinerkindl in der Münchner Au

An die von Joseph Daniel Ohlmüller 1831–1839 erbaute Maria-Hilf-Kirche – von der Bevölkerung stolz der „Auer Dom" genannt – wurde beim Wiederaufbau um die Mitte des 20. Jahrhundert eine Gnadenkapelle angebaut. Sie dient der Aufnahme des hochverehrten Gnadenbildes – der Gottesmutter mit dem Jesuskind – aus dem frühen 17. Jahrhundert, welches einst den Paulaner-Mönchen im nahe gelegenen Kloster gehörte. Sie förderten und pflegten die Wallfahrt bis zur Aufhebung ihres Klosters 1799. „Gnadenmutter von der Au, deinem Schutz ich stets vertrau", ist auf Wallfahrtsbildchen des 18. Jahrhunderts zu lesen.
In der genannten Kapelle befindet sich neben anderen Kostbarkeiten auch ein sog. Augustinerkindl, eine Nachbildung des wundertätigen Kindes bei den Augustiner-Patres auf der Münchner Neuhauser Gasse. Das ca. 50 cm große Jesuskind gehörte ursprünglich nicht zum Bestand der Maria-Hilf-Kirche. Um 1990 hat es der kunstsinnige Pfarrer, der Geistliche Rat Josef Zierl, im Münchner Kunsthandel entdeckt und für seine Pfarrei erworben. Eine beigefügte Authentika bestätigt die Anberührung am Original in der Augustinerkirche. Im prunkvollen, goldgefassten Glasschrein, der die Münchner Hofkunst des 18. Jahrhunderts verkörpert, liegt das Kind auf goldgestickten Kissen. Kostbare Spitzen in Weiß und Gold sind stufenweise am Wickelpack angebracht. Um den ausdrucksstarken Wachskopf ist ein schimmernder Strahlenkranz gelegt. Am oberen Ende der rotseidenen Rückwand ist das Jesusmonogramm JHS in feiner Klosterarbeit angebracht. Eine der Deutungen dieser Anfangsbuchstaben könnte dabei sein: Jesus Hominum Salvator – Jesus, der Menschen Erlöser.

Augustinerkindl in der Maria-Hilf-Kirche

Die alpenländische Krippe in Andechs

Versucht man im Kloster Andechs – hoch über dem Ammersee – den Kirchturm zu besteigen, so führt der Weg an einem besonderen Krippenkasten vorbei. Das Geschehen der Heiligen Nacht ist hier in den Hof eines oberbayerischen Bauernhauses versetzt. Unter der Altane sitzt Maria mit dem Kind auf ihrem Schoß in liturgischem Gewand. Josef steht neben ihr, mit der landesüblichen Lodenhose und einem Strickjanker angetan. Eine junge Bäuerin im Dirndl kommt die Treppe herab. Ihr kleiner Sohn hält eine Laterne über das Christkind. Er trägt eine Lederbundhose und eine gestrickte Jacke. Von der Straße herein betritt ein wohlhabendes Bauernpaar den Hof durch das große Holztor. Sie hat das schwarze, seidene Kirchenkleid – den sog. Schalk mit hellblauer Schürze – angelegt und ihr Mann die typische Miesbacher Joppe mit Hirschhornknöpfen. Ihnen gegenüber bringt ein älteres Paar im bäuerlichen Alltagsgewand einen gefüllten Korb. Die ganze Szene wirkt wie der gegenseitige Sonntagsbesuch von Landleuten. Man gewinnt den Eindruck, in das beschauliche 19. Jahrhundert zurückversetzt zu sein – doch die Realität ist anders.
Frater Stefan – der kunstfertige Krippen- und Christkind-Betreuer des Klosters – hat die Krippe vor ca. 15 Jahren aus alten Materialien angefertigt. Die Figuren sind Oberammergauer Arbeiten ersten Ranges, zu denen Frater Stephan mit viel Geschick und Feingefühl die Bekleidung gearbeitet hat. Eine Besonderheit hat er noch hinzugefügt, indem er der Miesbacher Bäuerin das Aussehen und das Festtagsgewand seiner eigenen Mutter gab – eine im Alpenland durchaus übliche Art, nahe Stehende mit der Krippe in Verbindung zu bringen.

Alpenländische Krippe in Kloster Andechs

Das Andechser Christkind

Das Andechser Christkind

In der Andechser Klosterkirche auf Bayerns Heiligem Berg steht in der Weihnachtszeit am oberen Gnadenaltar ein kostbares alpenländisches Jesuskind. Auf seine Herkunft aus der Rokokozeit verweisen sowohl der prunkvolle Rocaillensockel und die prächtige Bekleidung als auch das mit der Ornamentik der Epoche verzierte Kreuz in seiner linken Hand. Die aus Holz geschnitzte Figur mit beweglichen Gliedern hat dunkle Glasaugen und trägt eine kleine Haarperücke. Neue Recherchen haben ergeben, dass das Kleinod zum alten Klosterbesitz gehörte und im Drehtabernakel des Hochaltares untergebracht war. Während das Jesuskind das Kreuz als Hinweis auf sein kommendes Leiden und Sterben zeigt, segnet es mit der rechten Hand die Besucher und Pilger des Gnadenortes.

Die Krippe in der Mühlfeldkirche von Bad Tölz

Die heutige Wallfahrtskirche zur wundertätigen Muttergottes im Mühlfeld wurde 1735–1737 erbaut. Schon für die Vorgängerkapelle ist anhand erhaltener Rechnungen eine Krippe nachgewiesen – der Grundbestand der jetzigen Barockkrippe. Begonnen mit der Herstellung derselben wurde um 1670, die letzten Ergänzungen sind um 1810 einzuordnen. Unterschiedliche Materialien wie Holz und Wachs fanden bei den ungefähr 80 Figuren von ca. 25 cm Höhe Verwendung. Trotzdem wirkt der ganze Bestand fast einheitlich. Offenbar hat man sich bei Ergänzungen am bereits Vorhandenen orientiert. Großteils tragen die Figuren noch die Bekleidung aus dem 17. und 18. Jahrhundert, was anhand von unterlegtem, handgeschriebenem Notenpapier mit entsprechenden Jahreszahlen belegt werden kann.

In zwei Bildern wird die Krippe seit 1979 wieder der Öffentlichkeit vorgestellt. Bei der Weihnachtsszene wird der für barocke Krippen ungewöhnliche, für die Mühlfeldkrippe aber charakteristische „Tölzer Schafturm" aus dem frühen 19. Jahrhundert aufgestellt. Auf den zur Spitze führenden Wegen finden fast 100 Schafe aus dem Tierfigurenbestand Platz. Zum Dreikönigsbild gehört ein prächtiges orientalisches Zelt mit Thronsessel und Dienerschaft. Hier hält König Herodes Hof und begrüßt die vorbeiziehenden Könige auf ihrem Weg zum Stall von Bethlehem.

Anbetung der Könige

Das Zelt des Königs Herodes

Seite 102: Gefolge der Heiligen Drei Könige

Die Barockkrippe der ehemaligen Reichsabtei Gutenzell

Im Kloster der Zisterzienserinnen von Gutenzell wurde 1696 Schwester Regina Hochwindt zur Äbtissin gewählt. Als Maria Victoria leitete sie das Kloster bis 1718. In ihrer Heimatstadt Mindelheim war sie bereits mit der dortigen Jesuitenkrippe vertraut und nun machte sie es sich zur Aufgabe, Ähnliches für ihr Kloster zu schaffen. 1704 erfolgte die erste Aufstellung mit den Heiligen Drei Königen in der Klosterkirche. Maria Victoria ließ jährlich Ergänzungen anfertigen und ihre Nachfolgerinnen setzten diese Tradition fort. So sind 1740–50 die großartigen Figuren der Engel als himmlische Herolde noch im Stil des Hochbarock entstanden. Die im höfisch eleganten Stil stattfindende Hochzeit zu Kana von 1755 spiegelt bereits das galante Rokoko wider.

Sechs verschiedene Darstellungen konnten bis zur Säkularisation aufgestellt werden: die Anbetung der Hirten, die Verehrung des Kindes durch die drei Könige, die Flucht der Heiligen Familie nach Ägypten, die Darbringung Jesu im Tempel, die Heilige Familie in Nazaret und die Hochzeit zu Kana. Die nach der Säkularisation im Kloster geduldeten

Die Hochzeit zu Kana

Der Hohe Priester

Nonnen widmeten sich nach wie vor ihrer Krippe und ließen trotz ihrer kargen Mittel die Szene des Kindermordes zu Bethlehem hinzufügen. Im Jahre 1826 wurde ihnen vom bischöflichen Generavikariat das weitere Aufstellen der Krippe verboten. Daraufhin versteckten die frommen Frauen ihren ganzen Krippenbesitz in einem Zwischenboden nahe dem Nonnenchor in der Kirche. Nachdem die letzte Zisterzienserin 1851 gestorben und das Kloster 1864 nahezu völlig abgebrochen worden war, geriet die Krippe in Vergessenheit.

Ende des 19. Jahrhunderts wurde der „Schatz" dann bei Renovierungsarbeiten entdeckt und erlebte eine neue Blüte. Zwei umfassende Restaurierungen im 20. Jahrhundert ermöglichen heute die Aufstellung aller sieben Bilder gleichzeitig vom 4. Adventssonntag bis zum Lichtmesstag am 2. Februar in der Pfarrkirche.

Zu erwähnen wäre noch, dass es zur Gutenzeller Krippe eine eigene Hirtenkantate gibt. Sie wurde von Pater Franz Schnizer komponiert, der von 1740 bis 1785 an der Reichsabtei Ottobeuren wirkte. Ein Ausschnitt daraus bezieht sich speziell auf die Jesuskind-Verehrung und lautet: „Dem Göttlichen Kinde erweiset schnell – Lob, Preis und Ehr in Gutenzell."

Die Heilige Familie ▶

Die Krippe in der Pfarrkirche Unterknöringen

Die Martinskirche in Unterknöringen gehört zu den schönsten gotischen Kirchen im süddeutschen Raum – nicht zuletzt deswegen, weil noch ein großer Teil der Originalausstattung in ihr erhalten ist, die von erheblicher künstlerischer Qualität Zeugnis gibt. Nachfolgende Generationen haben epochal ihre Spuren hinterlassen durch entsprechende Ergänzungen der Kircheneinrichtung. So ist auch ein Palmesel aus dem 16. Jahrhundert erhalten, und das gotische Sakramentshäuschen birgt heute die Figur eines Prager Jesuskindes aus dem 18. Jahrhundert. Ebenso sind Kanzel und Chorgestühl aus der Barockzeit hervorragende Arbeiten.

Der Schafhirte

Darbringung der Königsgaben ▶

Nicht weniger kostbar ist die Kirchenkrippe aus der Zeit von 1910/20. Sie ist die Stiftung einer Burgauer Arztfamilie. Der Künstler war Sebastian Osterrieder. Von ihm ist bei der Beschreibung der Krippe der Münchner Peterskirche (S. 74) ausführlich berichtet. Osterrieder, der große Kenner des Orients, hat sich in der Unterknöringer Krippe nicht nur mit seinen fantastischen Figuren, sondern auch mit den ausdrucksstarken Tierdarstellungen selbst ein Denkmal gesetzt.

Der Dudelsackspieler

Die Krippe in der Pfarrkirche Burgau

Die Burgauer Pfarrkirche Mariae Himmelfahrt verwahrt eine Krippe aus der Zeit um 1767, die also älter ist als der heutige Kirchenbau. Die Figuren werden dem aus dem benachbarten Jettingen stammenden Bildhauer Jakob Kern zugeschrieben. Die holzgeschnitzten Gliederpuppen mit beweglichen Köpfen, Armen und Beinen sind teilweise bis zu 90 cm hoch. Von der Bekleidung aus der Entstehungszeit ist nichts mehr vorhanden. Bei der Restaurierung in den siebziger Jahren des letzten Jahrhunderts wurde jedoch mit viel Einfühlungsvermögen eine neue Bekleidung vorgenommen. Fein aufeinander abgestimmt sind Material und Farben. Alte Vorbilder sind mit einbezogen, und somit erstrahlen die 19 Figuren aus dem 18. Jahrhundert in neuem Glanz. Die prächtigen Gewänder der Könige wurden nach alter Sticktechnik im Kloster Oberschönenfeld angefertigt. Beeindruckend ist bei der Weihnachtsszene, wie der jung dargestellte Heilige Josef mit seiner linken Hand das Betttuch hält und mit seiner Rechten auf das Neugeborene weist. Die edlen Züge der Gesichter, die fein geformten Haare und die zartgliedrigen Hände der Figuren zeigen noch deutlich die hohe Bildhauerkunst der Rokokozeit. Der als Triumphbogen mit Säulen und Nischen gebaute Stall und die gemalte Kulisse dahinter sind am Anfang des 20. Jahrhunderts dazugekommen bzw. erneuert worden.

König mit Salbengefäß

Seite 110/111: Anbetung der Könige

Seite 112: Darbringung Jesu im Tempel

Die Krippe der Franziskanerinnen in Bonlanden

Die schwäbische Kongregation der Franziskaner erwarb 1902 aus heute nicht mehr bekanntem Besitz Krippenteile: Zubehör, Kulissen und Figuren. Vermutlich handelt es sich dabei um Stücke aus verschiedenen Krippen, welche in der Säkularisation zerteilt worden waren. So finden sich darunter Figuren aus Oberammergau ebenso wie aus Neapel. Der Herstellungszeitraum erstreckt sich von der Mitte des 18. Jahrhunderts bis zum Anfang des 19. Jahrhunderts. Der Bestand umfasst 254 Personen und 124 Tierdarstellungen. Daraus ließ sich verständlicherweise relativ einfach die heutige Simultankrippe zusammenstellen.
1977 erfolgte die fachgerechte Restaurierung der Figuren, die Erneuerung der Bauten nach alten Vorlagen und die Gestaltung der Kulissen als oberschwäbische, allgäuerische und orientalische Landschaften. Als Künstler

Jesus lehrt im Tempel

Empfang der Weisen

Nashorn aus dem Zug der Heiligen Drei Könige ▶

waren daran beteiligt Kirchenmaler Horst Schubert aus Weingarten sowie die Restauratoren Jürgen Hohl aus Bad Wurzach und Hans Peter Kneer aus Munderkingen. Teilweise waren alte Bekleidungen noch vorhanden, ansonsten ergänzte man sie aus überkommenen Textilien des Klosterbesitzes und des Kunsthandels. Somit entstand ein wahres Kleinod schwäbischer Krippenkunst. Von der Verkündigung bis zur Hochzeit zu Kana ist in 19 Bildern das biblische Heilsgeschehen zu sehen. Im Bildungszentrum des Klosters ist ein eigener Raum dafür geschaffen worden.

Wie bei den Krippenspielen der Barockzeit ist auch in Bonlanden der Prophet Jesaia vorhanden. Er sitzt vor einer Felsengrotte im schwarzen Gewand. Neben ihm erblüht eine Rose. Gemäß der Schrift weist er auf die Geburt des Menschheitserlösers hin: „Es wächst hervor ein Reis aus Isais Stumpf, ein Schössling bricht aus seinen Wurzeln hervor“ (Jes. 11,1). Vor dem gewickelten Jesuskind in der Krippe kniet der Heilige Franziskus im braunen Ordenskleid, und beim Empfang der Weisen aus dem Morgenland steht das Christkind, in königliche Gewänder gehüllt, auf dem Schoß Mariens.

Die Krippe in der Pfarrkirche Legau

Galantes Paar

Legau gehörte bis 1803 zum Hochstift Kempten. Somit ist zu erklären, dass die Pfarrkirche den Stiftspatronen Epimach und Gordian geweiht ist. Die dortige Krippe soll jedoch aus dem säkularisierten Prämonstratenserkloster zu Rot an der Rot stammen. Betrachtet man die ca. 45 cm hohen Figuren – speziell die Heiligen Drei Könige und die Heilige Familie –, so ist dies durchaus denkbar.

Nahezu 120 Figuren umfasst der Bestand. Der größte Teil trägt noch die Bekleidung der Entstehungszeit – der zweiten Hälfte des 18. Jahrhunderts. Vornehm-elegant sind Maria und Josef angezogen, der Wickelpack des Jesuskindes ist mit kostbaren Spitzen und Goldborten verziert. In orientalischer Pracht präsentieren sich die Könige mit ihrem entsprechend prunkvollen Gefolge. Ein Kavalier mit Frack und Dreispitz geleitet galant eine Dame im Krinolinenkleid mit Spitzenhäubchen. Figuren in bürgerlicher und ländlicher Tracht kommen hinzu. Die hölzernen Gliederpuppen sind beweglich und tragen etwas handfeste, ja teilweise sogar derbe Züge. Der Bildhauer ist nicht bekannt. Die Vielzahl der Figuren erlaubt die Aufstellung von sieben Bildern: von der Heiligen Nacht bis zur Hochzeit von Kana.

Die Heilige Familie ▶

Anbetende Könige

Engelherolde in römischen Gewändern

Die Verkündigungsgruppe in der Münchner Peterskirche

Zur Ausstattung der Münchner Peterskirche gehört eine lebensgroße, zweifigurige Verkündigungsgruppe aus der ersten Hälfte des 18. Jahrhunderts. Sie steht auf einem truheartigen Unterbau neben dem Maria-Hilf-Altar im südlichen Kirchenschiff. Auf einer Wolke nähert sich der Engel in eleganter Torsion der Jungfrau Maria. In seiner linken Hand hält er als Symbol der jungfräulichen Reinheit eine Lilie, während er seine Rechte zum Gruß erhoben hat: „Gegrüßet seist Du, Gebenedeite". Voll Erstaunen, mit gesenktem Blick, verharrt Maria vor dem Erzengel Gabriel: „Siehe ich bin die Magd des Herrn, mir geschehe nach seinem Wort." In Silber ist die barocke Holzgruppe gefasst. Golden sind Marias Strahlenkranz, ihr Gürtel und das Buch in ihrer linken Hand. In Gold glänzen auch das Diadem, der Armreif und die Lilie des Engels. Die beiden spätbarocken Figuren wirken sehr bewegt und strahlen Hoheit und Würde aus.

Am 8. Dezember, dem Tag der unbefleckten Empfängnis Mariens, wird die Szene im Hochaltarraum aufgestellt, mit reichem Blumenschmuck versehen.

Die barocke Verkündigungsgruppe in St. Peter

Die Krippe in der Pfarrkirche Türkheim

In Türkheim beheimatete Künstler fertigten neben namhaften Kunstwerken im süddeutschen Raum wie selbstverständlich auch eine Krippe für ihre Pfarrkirche. Ignaz Hillenbrand, Johann Michael Hegenauer und zwei weitere Bildhauer haben die heute noch vorhandenen 56 Figuren geschnitzt. Teilweise sind sie auch signiert. Als Fassmaler sind Johann Jakob Zimmermann und Hans Georg Fischer stellvertretend zu nennen. In Akten des Pfarrarchivs ist akribisch Buch geführt über alle Ausgaben für Ergänzungen, Erneuerungen und Restaurierungsmaßnahmen der Krippe. Die Aufzeichnungen beginnen 1661 und reichen bis in die sechziger Jahre des letzten Jahrhunderts. In dieser Zeit erfolgten eine gründliche Überarbeitung der Figuren und ihrer Bekleidung sowie die Erneuerung der Krippenlandschaft.
Nicht weniger als zehn Szenen können somit in der Weihnachtszeit in der vorderen linken Seitenkapelle der Kirche aufgestellt werden. So wird das Werk der Türkheimer Künstler jedes Jahr aufs Neue dem Besucher, dem Beter und dem Krippenfreund vorgestellt.

Huldigender König

Die Krippe im Kloster Maria Loretto zu Salzburg

In der Loretto-Kapelle der Klosterkirche der Salzburger Kapuzinerinnen ist alljährlich von Weihnachten bis zum Beginn der Fastenzeit eine ca. 100 Figuren umfassende Simultankrippe aufgestellt. Auf ungefähr drei Quadratmeter Fläche sind fünf Szenen zu sehen: Christi Geburt, die Anbetung der Heiligen Drei Könige, der Kindermord in Bethlehem, die Flucht nach Ägypten und die Darbringung Jesu im Tempel.

Die 10 bis 15 cm hohen Figuren mit Wachsköpfen und Haarperücken sind sehr kostbar bekleidet – wohl deswegen, weil die Kapuzinerinnen einst eine Paramentenwerkstätte in ihrem Kloster betrieben haben. In den üblichen Farben der barocken Krippenfiguren zeigen sich die Gewänder von Maria und Josef. Reiche Ornamentik und Stickerei ist bei den Königen erkennbar. Kostbare Krinolinenkleider im Stil des Rokoko tragen die Mütter von Bethlehem und die Damen im Gefolge der Könige. Herodes, in königlichen Gewändern, sitzt in einem Prunkzelt auf seinem Thron und verfolgt das hässliche Tun seiner rot berockten Soldaten beim Kindermord. Das weihnachtliche Geschehen findet in einem Stall statt, über dem der Anfang des Gesangs der himmlischen Heerscharen in der Heiligen Nacht zu lesen ist: „Ehre sei Gott in der Höhe …". Alpenländisch sind die Kleider der Hirten. Beim Eintreffen der Heiligen Drei Könige befindet sich die Heilige Familie in einer Felsengrotte. Darüber steht der Stern, dem die Weisen gefolgt sind. Das Jesuskind sitzt auf dem Schoß der Mutter und heißt mit der erhobenen Rechten seine Besucher willkommen. Über dem Baldachin vor dem Tempel von Jerusalem ist das Jesusmonogramm JHS angebracht. Darunter steht der greise Priester Simeon mit der Hörnermitra, flankiert von Messdienern in weißen Chorröcken und rotem Kragen. Im Hintergrund ist auf einer Anhöhe der Tempel von Jerusalem als Kulisse gemalt. Neben einer kleinen Kapelle mit Glockentürmchen steht ein Kapuzinermönch mit Bußwerkzeug und Rosenkranz – Hinweis auf die jahrhundertelange Seelsorge an der Stätte der Geburt Jesu im Heiligen Land durch seinen Orden.

Die Krippe bei den Kapuzinerinnen wird von den Einwohnern Salzburgs sehr geschätzt und viele suchen Jahr für Jahr in den Heiligen Tagen den Weg in die Paris-Lodron-Straße.

Ankunft der Heiligen Drei Könige

Die Huldigung der Weisen in der Maria-Loretto-Kirche

Das Krippenkind in der Weilheimer Stadtpfarrkirche

In der ersten Hälfte des 18. Jahrhunderts dürfte das Krippenkind vor dem Hochaltar der Weilheimer Pfarrkirche Mariae Himmelfahrt entstanden sein. In jener Zeit waren es Franz Xaver Schmädl und Johann Georg Dirr, die den Ruf der Weilheimer Kunststadt und ihrer berühmten Vorfahren weitertrugen. Wie meist bei „beweglichen Figuren" fehlt auch bei diesem Krippenjesulein der Hinweis auf den Künstler im Inventar der Stadtpfarrkirche. Seine qualitätvolle Ausführung – die typischen Weilheimer Locken und die elegante Haltung – zeigen das große Können des unbekannten Bildhauers. Das Kleinkind kann liegend in der Krippe verwendet werden, genauso wie es auch sitzend seine Besucher empfangen kann, die es mit der erhobenen Rechten begrüßt. In seiner linken Hand hält es als königliches Attribut den Reichsapfel.

Auswahl der verwendeten Literatur

Bauer, Egon Albert
Krippe der Pfarrkirche Mariae Himmelfahrt in Weilheim
Weilheim 1995

Berliner, Rudolf
Die Weihnachtskrippe
München 1955

Bründl, Adolf
Das Bethlehemitische Jesuskind in Lenzfried aus: 350 Jahre Pfarrei St. Magnus in Lenzfried 1642–1992
Kempten 1992

Epple, Alois
Die Türkheimer Pfarrkirchenkrippe aus: Bayerischer Krippenfreund Nr. 242
Dezember 1982

Finkenstaedt, Thomas und Helene
Die Wieswallfahrt
Regensburg 1981

Forster, J. M.
Das Gottselige München
München 1895

Frauenfelder, Richard
Die Geburt des Herrn
Leipzig 1939

Gebhard, Torsten
Die Tuntenhausener Krippe
München 1992

Geis, Rudolf
Wachskind aus Bethlehem in einer Allgäuer Kirche aus: Allgäuer Rundschau 24.12.1982

Glaser, Theodor
Stille im Sturm
Rosenheim 1981

Hartmann, Joh. B.
Über 200 Jahre Münchner Weihnachtskrippen
München 1948

Heidrich, Ricarda
Zur Krippe her kommet
Ulm 1965

Höck, Christian und Abt, Karl
Die Pfarrkrippe in der Marienkirche zu Benediktbeuern
Geretsried 1998

Kopf, Paul
Die Boulandener Krippe
Sigmaringen 1992

Kosmas, P.
Das Römische Bethlehem aus: Altöttinger Liebfrauenbote Nr. 1
Januar 1983

Kusidlo, Ludwig
Die große Gaißacher Weihnachtskrippe
Gaißach 1997

Liedl, Erich
Die Schwäbische Krippe
Weißenhorn 1993

Linder, Gisela
Eine der schönsten Barokkrippen Deutschlands (Gutenzell) aus: Kath. Sonntagszeitung für das Bistum Augsburg
Dezember 1993

Linder, Karl
Die Gutenzeller Barokkrippe
Lindenberg 1999

Missionsbenediktinerinnen, Tutzing (Hrsg.)
Chronik des Augustiner Chorherrenstiftes Bernried am Starnberger See
Tutzing 1978

Pfistermeister, Ursula
Barockkrippen in Bayern
Stuttgart 1984

Rattelmüller, Paul Ernst
Christkindl
Dachau 1994

Rehm, Adolf
Krippen aus drei Jahrhunderten
Neukeferloh – München 1992

Reißenauer, F. und Schretzenmayr, H.
Das Schwäbische Krippenparadies im Landkreis Günzburg
Günzburg 1983

Rothemund, B.
Gnadenreiche Jesulein
Authenried 1982

Sauermost, Heinz Jürgen
Die Weilheimer
München 1988

Schmitt-Breuninger, Friederike und Roth, Eugen
Ein Kind ist uns geboren
München 1962

Schretzenmayer, Heribert
Die Wettenhauser Klosterkrippe
Lindenberg 1999

Schulz-Dornburg, Trautl
Das Heilige Comödi Spiel
Kempten 1987

Schulz-Dornburg, Trautl
Die Krippenfiguren von Frauenwörth
Weißenhorn 1982

Skriver, Carl Anders
Der Weihnachtsbaum
München 1966

Stankowski, Martin
Sankt Martin Unterknöringen
Kirchenführer 1987

Thune, Susanne
Beseligende Weihnacht
Authenried 1969

Wagner, Helmut Otto Johannes
Ach mein herzliebstes Jesulein
Pannonia Nr. 234 – 1998

ders.
Das Augustinerkindl – ein Altmünchner Wallfahrtsbild
aus: Charivari Nr. 12 – 1995

ders.
Christkindl aus dem Heiligen Land auf dem Reutberg
Münchner Merkur 24. Dez. 1995

ders.
Von Fatschen- und Gnaden-kindln
aus: Pfarrbrief St. Quirin München-Aubing, Dezember 1981

ders.
Das Lochhausener Jesuskind
aus: Pfarrbrief St. Michael München-Lochhausen, Dezember 1995

ders.
Christkindbilder aus alter Zeit
Dia-Vortrag 1990–1996

Walser, Gaudentus
Das gnadenreiche Loretto-Kindlein von Salzburg
Salzburg 1971

Wiemann, Hermann
Die Malerei der Gotik und Frührenaissance
Hamburg – Bahrenfeld 1938

Winbeck, Katharina
Die Wettenhauser klösterliche Simultankrippe
Wettenhausen 1999

dies.
Aufzeichnungen aus dem Klosterarchiv über die Krippe
Wettenhausen 1998

Woeckel, Gerhard
Pietas Bavarica – Höfische Kunst und bayerische Frömmigkeit 1550–1848
Weißenhorn 1992

ders.
Ignaz Günther – Die Handzeichnungen des kurfürstlich bayerischen Hofbildhauers
Weißenhorn 1974

Der Autor dankt herzlich

Herrn Dr. Lothar Altmann, Lektor

Kloster Andechs
Frater Stephan Janka

Pfarrei Heilig Blut, München
Monsignore Hermann Streber, Pfarrer

Pfarrei Herz Jesu, München
Frau Margot Brumbauer

Kunstreferat der Erzdiözese München und Freising
Herrn Dr. Hans Ramisch, Ordinariatsrat

Pfarrei St. Magnus, Lenzfried
Herrn Adolf Bründl, Archivar

Pfarrei Maria Hilf, München
Herrn Geistl. Rat Josef Zierl, Pfarrer

Pfarrei Mariae Himmelfahrt, Weilheim
Herrn Joachim Heberlein, Archivar

Kloster Maria Loretto, Salzburg
Schwester Johanna Plattl, Oberin
Schwester Agnes Siegele, Ratsschwester

Kloster Nonnberg, Salzburg
Schwester Perpetua Hilgenberg, Äbtissin
Schwester Gertrudis Herzog †

Pfarrei St. Peter, München
Herrn Robert Kindlbacher, Archivar
Herrn Christian Thalhammer, Messner
Herrn Karl Mederer

Kloster Reutberg, Bad Tölz – Sachsenkamm
Schwester Bonaventura Bergtold, Vikarin †
Schwester Anzilla Huber

Dommuseum Salzburg
Herrn Prälat Dr. Johannes Neuhardt

Frau Brigitte Wagner fürs Korrekturlesen

Kloster Wettenhausen
Schwester Gabriela Heim, Priorin
Schwester Mediatrix Drexel, Subpriorin
Schwester Emmanuela Gillhuber
Schwester Katharina Winbeck, Archivarin
Schwester Berchmana Krabler †